百家讲坛爷爷给青少年讲经典

读故事学《论语》

孙丹林 著

蕃麦 绘

培优篇

有趣·孔子日常趣事多
有图·字源演变知识多
有料·千年哲思智慧多
有据·史料文献依据多

辽宁美术出版社

图书在版编目（CIP）数据

读故事学《论语》. 培优篇 / 孙丹林著；蕃麦绘 . —
沈阳 : 辽宁美术出版社 , 2021.7（2023.12 重印）
　　ISBN 978-7-5314-8878-1

　　Ⅰ . ①读… Ⅱ . ①孙… ②蕃… Ⅲ . ①儒家②《论语》
—儿童读物 Ⅳ . ① B222.2-49

中国版本图书馆 CIP 数据核字（2020）第 266910 号

出 版 人：彭伟哲
策 划 人：孙郡阳
出 版 者：辽宁美术出版社
地　　　址：沈阳市和平区民族北街29号　邮编：110001
发 行 者：辽宁美术出版社
印 刷 者：辽宁新华印务有限公司
开　　　本：720mm×1010mm　1/16
印　　　张：9
字　　　数：110千字
出版时间：2021年7月第1版
印刷时间：2023年12月第2次印刷
责任编辑：孙郡阳　梁晓蛟
装帧设计：鼎籍文化创意　徐春迎
责任校对：郝　刚
书　　　号：ISBN 978-7-5314-8878-1
定　　　价：28.00元

邮购部电话：024-83833008
E-mail：lnmscbs@163.com
http://www.lnmscbs.cn
图书如有印装质量问题请与出版部联系调换
出版部电话：024-23835227

古今启智读《论语》老少修身拜圣人

孙丹林

朋友们，你们知道吗？中国的古代教育家、思想家、政治家孔子，是世界公认的伟人之一，这是我们中华民族的骄傲。联合国教科文组织还在《学会生存——教育世界的今天和明天》一书中指出："人类要发展，一方面要面向未来，另一方面要回到人类的源头，向我们的先辈汲取智慧。"

1988年1月24日《堪培拉时报》载："人类要生存下去，就必须回到2500多年以前，去汲取孔子的智慧。"该报还指出，"这是上周在巴黎召开的主题为'面向21世纪'的第一届诺贝尔奖获得者国际大会上，参会者经过四天的讨论所得出的结论之一"。

"回到人类的源头，向我们的先辈汲取智慧。"——

唤醒文化记忆，这是人类发展的需要，更是我国青少年健康成长的需要。而"必须回到2500多年以前，去汲取孔子的智慧"，这更是我们中国人，尤其是广大青少年朋友应该引以为自豪并坚定民族文化自信的充分理由。因此，我们今天再读《论语》的目的就是为了"唤醒文化记忆，开启文化自觉，坚定文化自信"。

什么是智慧？智，金文左边是一支箭（矢），右边是一个"口"。为什么左边是一个"矢"呢？因为在远古时代，弯弓射箭是成年人的基本技能和重要经验，所以这个字的最初意思是认识、知道、能够辨别并判断的事物，可以像"箭"一样熟练掌握并脱"口"而出的内容为"知"；后来在下面加了一个"日"字，即"智"，意思是如果每天都能知道、认识一些事物，那么，他就是聪明智慧的。因此，广义的智慧是指人的认知、理解、联想、共情、辨别、意志、包容等多种综合能力。智慧可以让人深刻地理解人类社会的现状、过去、未来，并借以进行正确的分析，从而达到不断完善自己、完善人类社会的目的。

孔子的智慧首先表现在他十分渊博的"知"上，这在《论语》中先后提到了几十处。但孔子的"知"不仅仅限于知识，而是包括了人生、社会的道德和行为规范等诸多方面。比如，孔子超凡的意志，是常人所达不到的。所谓意志，即当一个正确的想法产生时，自己能够主动意识到，并将它扩充、固定，而当意识到自己将偏离正轨时，能够当机立断，坚决制止的思维活动。意志是一个人与生俱来或后天经过磨炼而形成的智慧和能力。比如，孔子有一句名言："三军可夺帅也，匹夫不可夺志也。"（《论语·子罕》）意思是一个军队的主帅可能被夺去，但一个普通人的志向却不可能被夺去。在当时的西方社会还把神的"意志"当成至高无上的信条去崇拜的时候，孔子已经意识到人的志向、意志是难以改变的。

因此，孔子在礼崩乐坏的春秋末期，坚持恢复周礼，以仁德治天下。为达到目的，他不辞辛苦周游列国，颠沛流离从不畏难，甚至表现出不怕牺牲生命的坚强意志：这就是孔子的大智慧。千百年来，孔子的这句话，激励了多少中华儿女，在国家、民族濒临危亡之际，挺身而出，以顽强的意志艰苦奋战，从而形成了中华民族威武不屈的民族精神。

孔子的智慧还表现在他的博爱思想上。他说："君子矜而不争，群而不党。"（《论语·卫灵公》）意思是，君子庄重自尊而不和他人争强斗胜，普遍团结人而不结党营私。可见这种博爱并不是一个简单的情感符号，而是旨在让当时的诸侯之间能够合理控制武力运用，避免无谓的争斗的坚定信念。从中我们也可以将博爱引申为今天应该控制武力运用，使人类能够和平、和谐地生存与发展——这不正是孔子的以人类之"善""德"为最终目标的大智慧吗？

孔子的智慧还表现为他经常强调的责任意识，这一点十分重要。责任心，是指一个人对自己和他人、对家庭和集体、对国家和社会所负责任的认识、建立的信念和投入的情感，以及与之相应的语言、行为。但孔子在这里强调的是更为阔大的大胸怀。他说："士而怀居，不足以为士矣。"（《论语·宪问》）这里的"士"，就是古代有知识、有道德的君子。意思是一个人如果只是贪恋自己家庭的安逸和利益，就不配做君子了。如今，这句话更值得我们深思，一个人如果想的都是自家的小事情，而对国家、社会，以及他人的事情不闻不问，那么，我们的社会将会怎样呢？

　　因此，责任同样是生存智慧的重大课题，而且无论是家长与孩子之间、老师与学生之间、领导与下属之间、所有的人与社会之间，都应该自觉地担负不可推卸的各种责任。因为既然人是群居动物，那么，一个正常的人怎么能够离开国家、离开社会、离开他人呢？"国家兴亡，匹夫有责"（顾炎武语）说的不就是这个道理吗？

　　在人与社会的关系上，作为社会人，必须懂得自己对社会、对他人的责任，并以此为准绳来规范自己的行为，使自己的行为有利于改善自己和他人的生存条件——这就是学会做人的问题。学会生存的核心就是学会做人，尤其是青少年朋友，更应该不断地培养、增强对家庭、对他人、对社会的责任意识，做一个符合社会进步发展所需要的社会栋梁。

　　《论语》是孔子应答弟子、时人及弟子互相问答的记录，是由孔门弟子及后学整理而成的书。它集中反映了孔子的政治主张、伦理思想、道德观念及教育原则，是儒家学派的经典著作之一。《论语》全书共20篇，首创"语录体"。

　　那么，《论语》中的"论"为什么要读作二声呢？论，繁体字为"論"，左边是"言"，表意符，右边是"侖"（lún，条理、伦次的意思）表声音，也兼意符。因为"侖"是由"人"和"册"（⺄，表示竹片穿连）的会意，所以，《论语》既然是一条一条的"语录"，那么，"论"就应该读作lún。凡是带"仑"旁的字都有"一圈一圈，一下一下，一层一层"有条理的意思。比如：轮、抢、沦等。

　　由于篇幅所限，本系列丛书从《论语》中选取六十条语录（问答），采众多译家之所长，对原文加以简单意译，并配以相应的历史故事。

　　我国的传统文化是中华民族生存与发展的智慧资源。以文字为例，作为一种传统，既是智慧的结晶，也是我们的智慧资源。比如，"天"字。《说文解字》说："天，颠也，至高无上。"而这个至高无上的"天"字，我们的老祖宗是如何表述的呢？甲骨文写作𠀡，金文写作𣎾，两种字形都好像一个人站在地上，而头上顶着的就是天。那么，为什么头顶着一个"一"就是"天"呢？《说文解字》说：

"惟初太始，道立于一，造分天地，化成万物。"因此，"一"就是天与地的鲜明界限哪！既然"天"是至高无上的，而我们的祖先造这个字的时候，偏偏要用"人"作为参照物，这不就意味着"人"是顶天立地的高级动物吗？

这就是传统文化带给我们的智慧、力量和自信！

目录

智慧篇

意志篇

智慧篇

子张学干禄

原文有韵味

zǐ zhāng xué gān lù zǐ yuē duō wén quē yí shèn
子张学干禄。子曰:"多闻阙疑,慎

yán qí yú zé guǎ yóu duō jiàn quē dài shèn xíng qí yú
言其余,则寡尤;多见阙殆,慎行其余,

zé guǎ huǐ yán guǎ yóu xíng guǎ huǐ lù zài qí zhōng yǐ
则寡悔。言寡尤,行寡悔,禄在其中矣。"

wéi zhèng
(《为政》)

汉字有故事

干:甲骨文写作¥,像人拿着一把叉子进攻,后来还演变出"防守"的意思。在这里指积极追求高官厚禄。

阙:古代用这个字代替"缺"字。"阙疑"这个词的意思是,对有怀疑的事情暂时不下结论,留待仔细研究、考察。

尤:甲骨文写作ㄡ,是一只手和一个加在手指上的指示符号,表示特指这个手指。为什么特指这个手指呢?因为它是多长出来的一个,也就是第六指。小篆写作ㄦ,延续甲骨文的意义,也像受到阻碍仍顽强生长的植物,只不过这个植物是异常的,甚至不好的。后来延伸出"特异""突出""过失""罪过"的意思。

译文有看头

子张向孔子请教求官职、得俸禄的方法。孔子说："多听别人说话，把你觉得可疑的问题先放在一旁，其余方面的问题也要谨慎地说，这样就会少犯错误。多看别人行事，你觉得不妥的，就不要急于表态，先放在一旁，其余的事情，也要慎行，这样就可以减少后悔。一个人如果说话很少出现过失，行事很少能够后悔，那么，谋求禄仕之道就在这里面了。"

孔子的人生智慧是什么？

子张，姓颛孙，名师，字子张，孔子的弟子，小孔子四十八岁。子张虽然年龄很小，但十分好学，常问孔子一些生僻的问题。从"好学"的方面讲，孔子对子张基本上是赞成的，凡子张所问，必认真解答。因此，当子张向孔子请教如何谋职的时候，孔子对子张具有针对性地说出了他的观点。

孔子的这段话与其说是指导子张的谋职之道，不如说是指导他的所有弟子们的人生智慧。作为孔子的弟子，能有名有姓地被历史铭记，那这个弟子在某一方面的才能肯定超越了一般人；但是如果这个人缺乏人生智慧，缺乏必要的修养，那有的弟子恐怕就要危险了。因此，孔子才嘱告子张，不要偏激，不要浮躁，不要急于表示自己的态度，一定要多听别人说话，多看别人做事，这样就能永远心清目明，不至于迷失方向。

《论语》有故事

孔子被困

孔子受楚昭王的邀请去楚国，而楚国正处于陈、蔡两国之间。这两个国家都担心孔子被楚国重用而对本国不利，于是他们把孔子一行团团围困在陈、蔡，以致孔子师生一连七天都没有生火做饭，只好熬点野菜勉强度日。弟子们饿得无精打采，情绪非常低落，只有孔子一个人从容地在室内鼓琴弹唱。

一次，颜回在屋外摘野菜，听见子路和子贡两人在一起小声地埋怨。

路 贡 夫子在鲁国两次被驱逐，在卫国、宋国也都很惨，连背靠的大树都被人砍倒。现在，都七天了，我们又被人围困在陈、蔡；此外，有人接二连三地追杀夫子，到现在也没有人出来阻止。可咱们的夫子还有心思鼓琴弦歌，苦中作乐！难道君子就没有羞耻之心吗？

在孔子的弟子中，颜回对孔子是最忠诚的了。他听到这些话，又没法儿当着他们的面辩解，只好一个人溜进屋里，把这些话告诉了孔子。

孔子听后，推琴长叹。

孔 子路、子贡啊！难道你们真的是不明事理的庸人吗？把他们叫进来，我有话要跟他们说。

子路、子贡进屋后，子路很直率地对孔子说出了自己的想法。

路 老师，我们现在到了这种地步，可以说是穷途末路了吧？

孔子听到这里，十分淡定。

子路，怎么能这样讲话呢？君子通达于道叫作一以贯通，不能通达于道叫作走投无路。如今我们抱仁义之道，处在这少仁少义的乱世，因而遭受磨难，这是很正常的事，何穷之有？内省无愧于道，临难不失以德；大寒至，霜雪降，这个时候才会知道松柏之真强茂。过去，齐桓公因在莒（jǔ）国受辱，反而树立起王霸之志；晋文公在曹国受欺，因此产生称霸之心；越王在会稽遭受奇耻大辱，他却更加坚定复国的志愿。这次，我们遭遇这般磨难，难道不也是很幸运的事吗？ **孔**

说完这些话，孔子悠然返身回到琴案，继续弹琴。子路听到琴声后，也随之操起兵器，昂然合拍而舞。子贡见状，十分惭愧。

贡 和老师相比，我真是不知道天高地厚哇！

这个故事不但印证了孔子所说的"多闻阙疑，慎言其余"的正确，而且也突出了孔子在"多事春秋""礼崩乐坏"的战乱年代，仍然以"岁寒，然后知松柏之后凋也"来激励自己的高尚情操，以及进而展现出的顽强意志，突显了一位伟大的圣人在危难面前不改初心的品格和智慧。

——这个故事来自《庄子·让王》

言寡尤，行寡悔，
禄在其中矣。

王孙贾问

原文有韵味

wáng sūn gǔ wèn yuē　　　　　yǔ qí mèi yú ào　　nìng mèi yú
王 孙 贾 问 曰 ："与 其 媚 于 奥 ， 宁 媚 于

zào　　hé wèi yě　　　zǐ yuē　　bù rán　　huò zuì yú tiān
灶 ， 何 谓 也 ？"子 曰 ："不 然 ， 获 罪 于 天 ，

wú suǒ dǎo yě　　　　　bā yì
无 所 祷 也 。"(《八 佾》)

汉字有故事

　　媚：甲骨文写作👁，左边的🎗像一个女子，右边的👁像女子的眉毛，整个字形表示女子扬起眉毛。这样的表情自然是很好的，所以这个字最初的意思是美好、可爱。金文承续甲骨文字形写作👁，小篆写作👁。后来，字义演变出"谄媚""巴结"的意思，在这里正是此意。

译文有看头

王孙贾问："与其向比较尊贵的祭祀场所'奥'来祈祷保佑，不如向并不那么尊贵的灶神祈祷保佑。你看这样如何呢？"孔子说："不是这样的。如果犯了滔天大罪，向什么神祈祷也没用了。"

为什么说"宁媚于灶"？

在这一节中，除了字词之外，我们还要搞清楚以下三个问题。

其一，王孙贾是什么身份？王孙贾是卫国的权臣，因此他向孔子提出的问题其实是在暗示孔子应该与自己多多亲近。

其二，"奥"有什么深意？"奥"，古时指屋内的西南角，是祭祀时神主或尊长居坐之处，这个位置比灶神所处的位置要尊贵。在王孙贾的话中，这个字暗指包括自己在内的诸侯高官。

其三，为什么用"灶"与"奥"做对比？灶神，即灶王爷，是玉皇大帝派来保佑并监察百姓生活的使者。"十二时辰善知人间之事。每月朔旦(旧历每月初一)，记人造诸善恶及其功德，录其轻重，夜半奏上天曹，定其簿书"，老百姓当然不敢慢待了。因此，每年农历腊月二十三这天，家家都要给灶王爷上供品。供品很简单，就是小锅白糖，也称灶糖。这种糖极甜、极黏，人们供上它的目的是让灶王爷在回天庭做述职报告的时候，多为百姓说好话，不说人间的坏话。所以，在灶神画像的两边还要贴一副对联——"上天言好事""下界保平安"，以保佑全家老小。

王孙贾恰恰是借助"灶神"的这种作用，向孔子投石问路，企图试探孔子是否愿意依附自己。

而孔子却以坦荡的胸怀，十分机智、果断地做出了回答。因此，就有了原文中的对话。

《论语》有故事

孔子见南子

卫灵公偏宠有名的美人南子，这一点很让孔子所鄙视。再加上南子的名声并不是很好，孔子不愿意见她。然而，南子却派仆人对孔子说了这样一番话。

仆 各国的君子，凡是看得起我们国君、愿意与我们国君建立交情的，必定会来求见我们南子夫人，而我们南子夫人也非常愿意见到您。

在这种情况下，孔子不得已只能去见南子。

孔子去见南子的时候，完全是按照礼节进行的。南子夫人坐在葛布做的帷帐中等待。孔子进门后面朝北叩头行礼，南子夫人则在帷帐中拜了两拜，她所披戴的环佩首饰因而发出了叮当的声响，显得她很招摇。

事后，子路对孔子表示不满。

孔 我本来是不愿见她，现在既然不得已见了，就得按礼数的规定去做。

一个多月后，灵公与夫人南子同坐一辆车子，让孔子坐在第二辆车子上。孔子见卫灵公与南子很亲昵就感慨了一番。

孔 我没有见过喜好道德像喜欢美色一样的国君哪！

——这个故事来自《史记·孔子世家》

王孙贾的心思

王孙贾做卫国的大夫的时候，孔子在卫国已经很多年了，而且卫灵公对孔子还非常尊重，这就使得王孙贾很不自在。

不过，王孙贾非常希望孔子能够跟他亲近。因为孔子是一代圣人，假如孔子能够亲近王孙贾，实际上就提高了王孙贾的声誉。王孙贾认为，你孔夫子总是跟各国诸侯频繁往来，甚至连那南子你也要去拜见，这些人不都属于处在奥位置上的神吗？但这些尊贵的神是远水不解近渴的呀！你还不如亲近亲近像我这样的灶王爷。别看我和奥神比起来地位不高，可是像我这样的士大夫可以在君王面前说好话，就像灶神在玉皇大帝面前说好话一样。所以王孙贾才说"与其媚于奥，宁媚于灶"。其实，孔子周游列国，与诸侯往来，无非是在推行周礼，绝非以求进身。因此，孔子做出了极富智慧的回答。

孔 不然，获罪于天，无所祷也。

就是说，你的心思我懂，只是我不屑于如此而已。中国知识分子有一种几乎定型的理念，即"不做亏心事，不怕鬼叫门"。只要自己堂堂正正，那么，神就会在自己心中。也正像孔子回答王孙贾的话一样，如果自己一身龌龊，犯了大罪，即使你去找再灵验的神仙，又有什么用呢？

——这个故事来自《史记·孔子世家》

013

由！ 海女知之乎？

原文有韵味

zǐ yuē　　　yóu　　huì rǔ zhī zhī hū　　zhī zhī wéi zhī
子曰："由！诲女知之乎？知之为知

zhī　　bù zhī wéi bù zhī　　shì zhì yě　　　　wéi zhèng
之，不知为不知，是知也。"（《为政》）

汉字有故事

诲：金文写作𦐐，左边的𧮫表示劝说，右边的𣱶表示母亲。这个字的本义是指母亲对孩子温柔耐心地劝导。

是：金文写作𦎫，上面的⊙是一个太阳，中间的⼀强调太阳在头顶正上方。这个字的本义是不偏斜，在这句话里是由此延伸的"这"的意思。

译文有看头

孔子说："由，我教给你关于知和不知的道理，你明白了吗？知道的就是知道，不知道就是不知道，这就是智慧呀！"

怎样理解孔子对子路的告诫？

孔子主张"知之为知之，不知为不知"，承认有所知、有所不知，既是一种老实的态度，也是明智的态度。但如果进一步思考，就出现了一个疑问：从子路的率直性格看，他并不是一个"强不知以为知"、不懂装懂的人，那么，孔子对子路说的这段话用意何在呢？

孔子知道子路过于直爽，遇事容易冲动而且往往急于表态，这就很容易生出祸端。因此，孔子是特意嘱咐子路："你可记住了，知道的就是知道，不知道的就是不知道，这才是真正的智慧呀！"其实这正体现了孔子的沉默的智慧。

孔子读铭文

孔子在周国进入了周太祖后稷的庙内。他看到庙堂右边台阶前有一个铜铸的人像，人像的嘴被封了三层，在铜像的背后还刻着铭文。

铭文开头的大意是：

这座铜像代表着说话谨慎的人；嘴上被封了三层，是在告诫我们千万要注意自己的言语；多言多败，多事多患，安乐时一定要警诫，不要做日后会后悔的事。

孔子继续往下看，越看越觉得非常有道理。

接下来的铭文大意是这样的：

不要以为话多不会有伤害，它的祸患是长远的；不要认为别人听不到，神在监视着你。刚刚燃起的火苗不扑灭，就会变成熊熊大火；涓涓细流不堵塞，终将汇集为江河。口能造成什么伤害呢？口是祸的大门。强横的人没有好下场，争强好胜的人必定会遇到对手。君子知道，天下的事不可事事争上，所以宁愿居下；君子还知道，不可居于众人之先，所以宁愿在后。一个人温和谦恭、谨慎修德，就会使人仰慕；如果守住柔弱，保持卑下，就没人能够超越。这就会形成人人都奔向那里而我独自守在这里，人人都在变动而我独自不移的局面。因此，把智慧藏在心里，不向别人炫耀，就会像那江海一样，虽然处于下游，却能容纳百川——因为它地势低下。千万记住，上天不会主动亲近人，却能使人处在它的下面——一定要以此为戒呀！

孔子认真地读完铭文后，对弟子说出了自己的看法。

孔 你们一定要记住，这铭文里的话非常实在、中肯，令人信服。《诗经》里说"战战兢兢，如临深渊，如履薄冰"，说的就是这个意思。一个人如果真正立身行事，岂能因多言多语而生出祸端呢？

孔子深深感到：如果像子路那样过于鲁莽憨直，就一定会收到祸从口出的后果。不仅如此，他还批评过子贡，说子贡虽然富有辩才，但他不知道沉默的力量。人生有许多时候，或者对某些人来说，沉默更是一种智慧。

——这个故事来自《孔子家语》

一年有三个季节

一天，有一个陌生人来到孔子学堂，他看到子贡在院子里打扫落叶，便与子贡交谈起来。

陌 你是孔子的弟子吗？

你有什么指教？ **贡**

陌 我问你一个问题，如果你回答得对的话，我就向你磕三个头；如果你回答得不对，你就向我磕头。

子贡为了自己和老师的名誉，勉强答应了。

陌 你说一年有几个季节呢？

贡 当然是四个季节呀!

陌 不对，是三个!

贡 就是四个!

他俩激烈地争论起来，互不相让。就在这个时候，孔子出来了。子贡赶紧对孔子说明情况，想让陌生人下不来台。但孔子的话却让子贡大吃一惊。

孔 一年的确有三个季节，快点给人家磕头吧!

陌生人大声笑着，心满意足地走了。

陌生人走后，子贡忙问老师这是怎么回事。

孔子严肃地说明一切。

孔 你看，这个人穿着一身绿衣服，又坚定地认为一年有三季，其实他就是个蚂蚱!他在春天生，秋天死，没有看到过冬天，所以，他当然认为一年只有三个季节。

子贡听罢，立刻明白了，老师的意思就是此时要沉默，而不要对牛弹琴哪。

这段故事有点像寓言故事，但也说明一个问题，即在特定的环境中，或对待特殊的人，不要偏执一词，以免造成僵持，而要保持沉默。这就是智慧。

——这个故事来自《子贡问时》

宰我问

原文有韵味

<ruby>宰<rt>zǎi</rt></ruby><ruby>我<rt>wǒ</rt></ruby><ruby>问<rt>wèn</rt></ruby><ruby>曰<rt>yuē</rt></ruby>："<ruby>仁<rt>rén</rt></ruby><ruby>者<rt>zhě</rt></ruby>，<ruby>虽<rt>suī</rt></ruby><ruby>告<rt>gào</rt></ruby><ruby>之<rt>zhī</rt></ruby><ruby>曰<rt>yuē</rt></ruby>，'<ruby>井<rt>jǐng</rt></ruby><ruby>有<rt>yǒu</rt></ruby><ruby>仁<rt>rén</rt></ruby><ruby>焉<rt>yān</rt></ruby>'，<ruby>其<rt>qí</rt></ruby><ruby>从<rt>cóng</rt></ruby><ruby>之<rt>zhī</rt></ruby><ruby>也<rt>yě</rt></ruby>？"<ruby>子<rt>zǐ</rt></ruby><ruby>曰<rt>yuē</rt></ruby>："<ruby>何<rt>hé</rt></ruby><ruby>为<rt>wéi</rt></ruby><ruby>其<rt>qí</rt></ruby><ruby>然<rt>rán</rt></ruby><ruby>也<rt>yě</rt></ruby>？<ruby>君<rt>jūn</rt></ruby><ruby>子<rt>zǐ</rt></ruby><ruby>可<rt>kě</rt></ruby><ruby>逝<rt>shì</rt></ruby><ruby>也<rt>yě</rt></ruby>，<ruby>不<rt>bù</rt></ruby><ruby>可<rt>kě</rt></ruby><ruby>陷<rt>xiàn</rt></ruby><ruby>也<rt>yě</rt></ruby>；<ruby>可<rt>kě</rt></ruby><ruby>欺<rt>qī</rt></ruby><ruby>也<rt>yě</rt></ruby>，<ruby>不<rt>bù</rt></ruby><ruby>可<rt>kě</rt></ruby><ruby>罔<rt>wǎng</rt></ruby><ruby>也<rt>yě</rt></ruby>。"（《<ruby>雍<rt>yōng</rt></ruby><ruby>也<rt>yě</rt></ruby>》）

汉字有故事

虽：金文写作 ，右边的 是声旁，表示答应，左边的 是一条小虫子。这个字的本义是像虫子一样一层层地推开泥土，引申为把意思推开一层，也就是"即使""纵然"的意思。

陷：甲骨文写作 ，像一个人掉进深坑里。这个字的本义正是从高处坠入深坑。

译文有看头

宰我问:"一个有仁德的人,纵然告诉这个人'井里有一位有仁德的人',他也会跟随着井里的人跳下去吗?"孔子说:"为什么要这样做呢?君子可以去井边救人,但不能自己也陷进去。人可以被欺骗,但不可以被无理愚弄啊。"

孔子认为"大仁者"应该怎么做?

宰我,就是被孔子说成是朽木不可雕的宰予。他经常向孔子提出一些十分特殊的问题,因此后来孔子很重视他。

原文中的问题看起来似乎是仁之辩,即究竟仁者应该怎样做;但实际上,这是一个哲学问题。表面上看,一个仁者掉在陷阱里,如果外面的仁者不去施救,里面的仁者必死无疑;但如果施救,那么,外面的仁者也必死无疑。这就是将理论和实践、条件和结果完全对立起来了,在实际生活中基本上不会出现这种情况。因此,孔子才十分睿智地答"何为其然也?君子可逝也,不可陷也"。为什么要这样两难而对立呢?也就是说,仁者既要有仁爱之心,又要有仁义之举,尽量两全其美,而不偏执。

《论语》有故事

两小儿辩日

孔子的智慧经常表现为沉默。

孔子到东方游历时，途中遇见两个小孩儿在争辩，便问他们在争辩什么。一个小孩儿抢着回答起来。

孩 我认为太阳刚升起时距离人近，而到中午的时候它距离人就远了。

而另一个小孩儿则认为，太阳刚升起的时候距离人远，而到中午的时候它距离人就近了。

第一个小孩儿详细解释起来。

孩 太阳刚升起的时候大得像一个车盖，等到正午就小得像一个盘子，这不是远处的看着小而近处的看着大吗？

另一个小孩儿也说出了自己的道理。

太阳刚升起的时候清凉而略带寒意，等到中午的时候却像手伸进热水里一样热，这不是近的时候感觉热而远的时候感觉凉吗？ **孩**

睿智的孔子没有判断两个小孩儿的对错，只是看着两个孩子微笑。而这两个孩子却一起嘲笑孔子。

孩 谁说你知识渊博？不过如此吧！

这则寓言故事究竟是在说明什么呢？在孔子所生活的时代，谁也不可能用科学的理论来解释两小儿辩日中提到的问题；因此，对于两小儿各自观点的判定并不重要。而重要的恰恰是孔子身置其中，看他如何处理这一个两难问题。最终的结果是"孔子不能决也"——这就是智慧，是"知之为知之，不知为不知，是知也"。

——这个故事来自《列子·汤问》

子路劝架

传说，子路刚刚进入孔门时，有一天，他上街去买头盔，回来的时候，看见一个卖布的小贩与一个买布的农夫在争吵。

卖 三七二十四。

买 三七二十一。

子路凑上去与他们说清楚。

路 三七是二十一，七尺布应收二十一个钱。

卖布的白了一眼子路。

卖 一个练武的人懂什么！

卖布人与急躁的子路争了起来，互不相让。
子路急了，大声嚷起来。

路 如果三七是二十四，我把新买的头盔送给你。

卖布的小贩扭着脖子也不甘示弱。

卖 三七要是二十一，我把这颗头割给你。

他们决定一起去孔子那里，让他来裁决。

孔子听完了卖布人陈述后，微笑着对子路说了一句话。

孔 子路，把头盔给人家吧！

于是子路满脸不悦地把头盔给了卖布人，卖布人提着头盔得意地走了。

子路实在不明白其中的道理，就又问孔子。

老师，三七明明是二十一，您为什么让我把头盔给人家呢？ **路**

孔子笑了笑说了一个无法反驳的道理。

孔 头盔输了还可以再买一个，头要是割下来就长不出来了。

其实，故事中的"卖布人"和那"三季人"一样，正常人是无法和他们沟通的。遇到这样的人，不一定要争出个里表来，倒不如"让一着，退一步，当下心安"（郑板桥语）。这就是孔子仁恕的胸怀。对他人如此，对自己更是如此。孔子回答宰我的"不可陷也"，是说真正聪明的人不会把自己陷入不可解的境地而和自己过不去，这更是孔子的智慧。

——这个故事来自《论语》

太宰问于子贡

原文有韵味

太宰问于子贡曰："夫子圣者与？何其多能也？"子贡曰："固天纵之将圣，又多能也。"子闻之，曰："太宰知我乎？吾少也贱，故多能鄙事。君子多乎哉？不多也。"牢曰："子云，'吾不试，故艺'。"（《子罕》）

汉字有故事

能："能"是"熊"的本字，本义是指体形庞大但善于爬树的熊。金文写作，突出了熊圆圆的脑袋、大大的嘴、尖利的爪子。引申义为能力、才能、技能。

纵：金文写作，左边的是一串绳索，右上的表示听从，右下是脚。这个字的本义是解开绳索，听任被抓住的人逃跑。

译文有看头

太宰问子贡道："你们的先生是圣人了吧？他为什么有这么多的才能啊？"子贡说："一定是天意扶助他成为一位圣人，又使他具有这样多的技能。"孔子听到了说："太宰真的了解我吗？我只因年轻时贫贱，所以多做了一些粗鄙之事。君子要很多的技能吗？实际上不要那么多的呀！"牢说："先生曾说，'因我没有被重用，所以学得了许多技艺'。"

孔子是怎么看待君子与普通人的差别的？

这段话充分显示了孔子的睿智，以及鲜明而坚定的立场。首先，他听出了太宰的话里略含贬义，因此，否定了自己是圣人的说法，而反问道："太宰知我乎？"接下来又说，他不过是少年的时候因为贫穷，才不得已学习、掌握了一些维持生计的技能而已。君子难道需要掌握这么多的技能吗？不需要，绝对不需要！这就严格区分了君子和普通人的界限。

什么样的人才能被称为君子呢？

君子，君之子也。在孔子生活的时代，君子分两种：一种君子是上层贵族，而这些人往往什么也不会，他们只需要会吃喝玩乐就可以了；另一种君子属于道德君子，这些人往往是从社会底层，因不断学习和奋斗，在掌握多种技艺之后，成长为追求并传扬仁义之道的高尚之人。第二种君子才是孔子承认的君子。而这些君子不会以追求技艺为主，所以，孔子才说"多乎哉？不多也"来表示强调。后来的"牢曰"，才真正道出了孔子之所以掌握许多门技艺的原因，即"吾不试"——我没有做官。孔子说话很有分寸，既没有以圣人自诩，又没有模糊君子的概念。孔子的这番话有着十分有效的自我保护作用，因为那时许多人已经开始攻击孔子了。

《论语》有故事

子贡评孔子

在孔子77位弟子中名列第68位的陈子禽曾说子贡比孔子贤良，子贡却不以为然。

陈 你是过于谦恭了吧，仲尼怎么能比你更贤良呢？

贡 君子的一句话就可以表现他的智识，一句话也可以表现他的不明智，所以说话不可以不慎重。夫子的高不可及，正像人是不能够顺着梯子爬上天去一样。夫子如果得国而为诸侯，或得到采邑而为卿大夫，那就会像人们说的那样：教百姓立于礼，百姓就会立于礼；引导百姓，百姓就会跟着走；安抚百姓，百姓就会归顺；动员百姓，百姓就会齐心协力。完全可以这样说，夫子活着是十分荣耀的，而夫子死了是极其可惜的。我又怎么能赶得上他呢？

——这个故事来自《论语·子张》

子贡再评孔子

叔孙武叔是鲁国司马，曾经在朝廷上表示非常认可子贡。

叔 子贡比仲尼更贤。

有人把这一句话告诉了子贡，子贡却不认可叔孙武叔的说法。

贡 如果拿围墙来比喻，我家的围墙只有齐肩高，足以看见家室的美好；我老师家的围墙却有几仞高，如果找不到门进去，你就看不见里面宗庙的富丽堂皇和房屋的绚丽多彩。因此，能够找到老师家门进去的人并不多。因此叔孙武叔能那么讲，也是能够理解的，正是他对老师还不了解呀！

我的老师仲尼是不可诋毁的。别人的贤德像丘陵，是可以超越的；而仲尼老师是太阳、月亮，是没有办法超越的。即使有人要自绝于日月，又怎么能损伤到日月呢？只能从中看出这个人的不自量而已呀！

——这个故事来自《论语·子张》

譬如为山

原文有韵味

子曰："譬如为山，未成一篑，止，吾
止也；譬如平地，虽覆一篑，进，吾往也。"
（《子罕》）

汉字有故事

譬：小篆写作 譬，上面的 辟 表示分开、分析，下面的 言 代表说。这个字的本义是分析问题。

篑：金文写作 篑，上面的 竹 是竹子，中间部分像双手捧着泥土，下面的 贝 强调土的价值。这个字的本义是盛土的竹筐。

覆：小篆写作 覆。这个字的本义是覆盖，这里是"倾倒"的意思。

译文有看头

孔子说："进学修身就好比堆土成山一样，如果差一筐土就大功告成了，但自己却停下不干了，这就叫作功亏一篑，但那是我自己半途而废造成的。这也像平整洼地一样，即使只是刚刚倒入一筐土，但只要能够不停地往里倒土，进而最后成功了，那也是由于我坚持不懈、一往无前地努力的结果。"

什么是成功之路上最重要的东西？

这段话的精髓就是强调主观的态度和作用。无论学习还是修身，或者要成就某项事业，必须有九尺高台起于累土的恒心和耐力——持之以恒，否则就要功亏一篑。孔子本人身体力行地去实践，而且不管怎样艰难，他都未曾动摇，于是他成功了。孔子有许多弟子也是亦步亦趋地紧跟老师学习、实践，最后也取得了成功，而且在历史上、在百姓心里，千百年来，留下了满是赞誉的口碑。

高柴的仁德

相传，孔子的弟子高柴六岁的时候，曾和小朋友们一同在枣树下玩耍。当时有一只小鸟啄掉了一颗枣，有两个小孩儿立刻争着抢。这时候，高柴说出了自己的看法。

高 依我看，大孩子应该把枣让给小孩子。因为大孩子还可以用棍棒打枣，或是上树摘枣，而小孩子就不能这么做了。

大孩子一听有理，立刻把枣让给小孩子吃了。

高柴七岁那年，有一天，他正在柴汶河边玩耍，忽然有个小孩儿落进了水中。聪明的高柴连忙跑回家去，拿了一个大葫芦来。他抱着大葫芦跳进了河里，将这个落水的小孩儿救了出来。

高柴不仅仁义、聪明，而且还是一个非常孝顺的孩子。高柴的母亲生了他之后，一直体弱多病。高柴为了让母亲尽快恢复健康，经常不辞辛苦，上山为母亲采摘一些木耳和香菇并亲自为母亲熬汤。

《孔子家语》中还说：高柴不杀蛰伏刚醒的虫子，不攀折正在生长的草木。不仅如此，他为亲人守丧也非常认真。据说在守丧期间，他从不与人说笑。因此，孔子给了高柴很高的评介。

智慧篇

孔 高柴为亲人守丧的诚心，是一般人难以做到的；春天不杀生，是遵从做人的道理；不折断正在生长的树木，是推己及物的仁爱呀！

高柴就是这样，一点一滴地积累着自己的善行，从不间断修养自己的功德。

——这个故事来自《七十二贤小故事》

高柴逃生

卫国君臣发生动乱的时候高柴要逃走，因为"乱邦不居"，这是孔子教导的呀。可当他来到城门时，他发现城门已经关闭了。碰巧的是，守门的人正是被高柴下令执行刑罚而砍断脚的那个人。

守 那边城墙有个缺口，可以逃走。

君子不能从缺口过去。 **高**

守 另外那一边有个洞口，可以逃走。

君子不能钻洞逃走。 **高**

守 这里有一间房子可以躲避。

于是，高柴进入了那间房子。

对于守门人的帮助，高柴非常不理解，就与他交谈起来。

高 我因为要遵守国君制定的法令，所以用刑砍断了您的脚。现在我正逃难，应该是您报仇的好机会，您为什么还会帮助我逃避灾难呢？

砍断我的脚，是因为我犯了罪，那是没有办法的事。当初审判我的时候，您一上来就根据法律寻找减轻我刑罚的条款，是想要让我免于重罚，这一点我很清楚；在审判定罪的时候，我从您的表情上看到了很伤感的样子。您并不是因为私情而要对我宽容，而是因为您有天生的仁人之心，才会自然而然地这样做。这是我要帮您逃避灾难的原因。

守

高柴自从拜孔子为老师后，日积月累地行仁积善。担任官职时，也从不徇私舞弊，而是依法办事，因此，深受孔子和百姓的赞扬。

孔

善于做官的人，尽力积修自己的品德；不善于做官的人，总是要多构怨敌。高柴真正做到了用公正之心来指导自己的言行啊！

孔子用"功亏一篑"的比喻，正是为了阐发坚持始终、积善成德的道理。

——这个故事来自《说苑·尊贤》

可与共学

原文有韵味

zǐ yuē kě yǔ gòng xué wèi kě yǔ shì dào kě
子曰："可与共学，未可与适道；可

yǔ shì dào wèi kě yǔ lì kě yǔ lì wèi kě yǔ quán
与适道，未可与立；可与立，未可与权。"

zǐ hǎn
(《子罕》)

汉字有故事

与：小篆写作𦥑，外部的𦥑像很多手放在一起，中间的与表示给予。这个字的本义表示结交，在这里是"一起"的意思。

权：金文写作𣏟，左边的木是一个拐杖，右边的萑表示拐杖所代表的上对下的支配关系。

共：金文写作𠀇，两边是两只手，中间的口代表物品。这个字的本义是两手捧着贵重的物品。

译文有看头

孔子说："可以一起学习的人，未必都能学到道；能够学到道的人，未必能够坚守道；能够坚守道的人，未必能够随机应变。"

为什么孔子能成为"至圣先师"？

孔子在这里说了三种人。一是只可以与他一起学习知识，但未必能够一起悟道的人。因为能悟道的人不仅要资质聪颖，还要有意志、毅力，非常能吃苦。有些人意志薄弱，也就半途而废了。有的人虽然有志于道，但缺乏坚持到底的信念，所以终也不能成——这便是第二种人。如果有的人一心求道，却不会机变，不能用灵活有效的方法实现正道，这种人虽有道，但最后也不能有所成，是为第三种人。

为什么孔子能够成为"至圣先师"？因为他既明白道的宗义，又懂得求道方法；既有传道的能力，又通晓守道的权变。由此可见，我们的老夫子可不是思想僵化的书呆子呀！

《论语》有故事

孔子参观庙堂

有一次，孔子到庙堂参观，看到一种容易倾倒的器皿。孔子很好奇，便询问守庙的人。

孔 这是什么器具？

守 是宥（yòu）坐之器。

孔 我听说，这种宥坐之器是古时国君放置在自己的座位右边，用它来警诫自己做事既不要过头也不能半途而废的。而且这种宥坐之器里面的水要是少了，器具就倾斜；水若只有一半，器具就端正；如果把水倒满，这器具就倾倒了。

于是，孔子就让弟子向宥坐之器中注水，果然如此。这件事让孔子很感慨，他就与弟子交谈起来。

孔 一切事物哪有满而不倾倒的道理呢？

弟 敢问有保持满而不倾倒的办法吗？

孔 聪明睿智的人往往保持平静的状态，这就是用表面的愚钝来掩盖自己大智的方法；功盖天下却能谦让，这是以谦让来保护自己的办法；一个人的勇力足以威震于世，自己却守之以怯懦；已经拥有四海的财富，却能把自己的私欲不断地控制、减少。能做到这些就能够让自己立于不败之地了。

孔子的这段话真正体现了他的大胸怀、大智慧。一个成功者不仅要有信念和意志，还要能在特殊的环境中，对待特殊的人，采取特殊的权变之法来保护自己——这种权变也是自己的修养和智慧。

——这个故事来自《孔子家语》

孔子认字

据说，孔子离开鲁国东游的时候，有一次走到半路觉得饿了，但恰恰赶上已经没有粮食了，他就差颜回去讨米。

孔 你到前面的一家饭馆讨点米来吧！

颜回到了饭馆说明来意后，饭馆主人知道是孔子一行到了，便转着眼珠想了想。

主 要米没问题，但有个要求。我写一个字，你如果能认识，我就请你们师生吃饭；若不认识，就将你们乱棍打出。

颜 颜回不才，可也跟老师学习了这么多年。别说一个字，就是一篇文章让我来读，也不算什么难事呀！

店主看了颜回一眼，笑了笑。

主 认完再说吧！

说着，他拿起记账的笔在竹片上写了一个"真"字。颜回哈哈大笑。

颜 我还以为是什么难认之字，这个字我颜回五岁就识。

主 那么，此为何字呀？

颜 是认真的"真"字呗！

不料店主却冷笑起来。

主 如此无知之徒竟敢冒充孔老夫子的门生。来人，将他乱棍打出！

颜回十分狼狈地回来，见到孔子说了经过。孔子哈哈大笑了一声。

孔 看来他是非要为师前去不可呀！

孔子来到店前说明来意，那店主照样写下一个"真"字递给孔子。孔子看了一眼，镇定自若地说起来。

孔 此字念"直八"。

主 果然是夫子来到，请！

那店主果然履行诺言，好吃好喝地招待了孔子师生。孔子一行吃饱喝足后，颜回却是丈二和尚摸不着头脑。

颜 老师，您不是教我们那字念"真"吗？怎么又变成"直八"了？

043

孔 那店主是有意为难你的。其实把那"真"字念成"直八"不过就是拆开念罢了，这就是权变哪！

颜回等弟子听罢都感到受益匪浅。

权变的智慧

权变是一种智慧，同样是仁者为人立事的方法。

战国时，淳于髡（kūn）曾问孟子对"男女授受不亲"的理解。

髡 男女授受不亲，是礼吗？

是礼。 **孟**

髡 嫂子掉在河里，小叔去拉嫂子的手，可以吗？

男女授受不亲，礼也；嫂子掉到河里，不去管她，是畜生，用手去拉她，这是权变哪！ **孟**

由此还演绎出一段佳话呢。

有一次，明代宗朱祁钰听说李东阳是个神童，于是就下旨召见李东阳父子。爷俩上殿以后，代宗皇帝就把李东阳抱坐在自己的膝盖上，而东阳的父亲则站立在阶下。代宗为了考校李东阳的才学，就问了起来。

代 我出个对联，你能否对上？

请皇上出句。 **李**

代 好，你听着。

代宗出了这样一句上联：子坐父立礼乎。

小东阳知道父亲在阶下站立，是对皇上而站，并不是因为自己。

于是，他自信地给出了下联：嫂溺叔援权也。

代宋皇帝连连夸赞。

代 不愧是神童啊！

——这个故事来自《孟子·离娄上》《罪惟录·列传》

一言而可以兴邦

原文有韵味

定公问：“一言而可以兴邦，有诸？”
孔子对曰：“言不可以若是其几也。人之言
曰：‘为君难，为臣不易。’如知为君之难
也，不几乎一言而兴邦乎？”曰：“一言而
丧邦，有诸？”孔子对曰：“言不可以若是
其几也。人之言曰：‘予无乐乎为君，唯其
言而莫予违也。’如其善而莫之违也，不亦
善乎？如不善而莫之违也，不几乎一言而
丧邦乎？”（《子路》）

汉字有故事

兴：金文写作 𦥼，上部像从不同方向伸过来的
四只手，中间部分像劳动的工具，下部表示劳动号子。
这个字的本义是众人喊着劳动号子一齐举起劳动工
具劳作。小篆写作 𦥞，像用手托着一口锅，表示众
人合力举起。

译文有看头

这段话的大意是，定公问孔子道："说一句话便可兴国，有这种可能吗？"孔子回答道："对言语不能有这样的期望。如果有哪位君主说：'做君上难，为臣下也不易。'那几乎就是一句话可以兴邦了。"定公又问："一句话便可失国，有这种可能吗？"孔子回答说："对言语不能有这样的期望。比如有君主说：'我做君主其实没有什么乐趣，唯一有的是我说话没有人敢违抗罢了。'如果君主一句话说得好，没人违抗，这不是很好吗？如果说得不好，没有人敢违抗，可是君主却以此为乐，那样的话，几乎就是一句话可以失国了！"

谁的一言可以导致兴邦或丧国？

这段话的核心是"一言可以兴邦，一言可以丧国"，关键看"一言"是谁说的，以及在什么情况下说的。"谁"无非是两种人，一是决策人即君主，二是君主十分宠信的贤臣或佞臣。这两种人的一句话，很可能导致兴邦或丧国的某种结局。

齐景公治国

有一次，齐国连续下了三天大雪也没停。齐景公披着白色的狐皮裘衣，在殿堂侧边的台阶上坐着。晏子进宫拜见，齐景公与他交谈起来。

齐 好怪呀！大雪已经下了三天而天气竟然不冷。

晏 大王，天气果真不寒冷吗？

景公笑了笑，没有回答。

晏 我听说古代的贤德君王，吃饱的时候能想到有人还在挨饿，穿暖的时候能想到有人还在受寒，安逸的时候能想到有人还在辛苦地劳作。看来现在的君王不知道民间的疾苦哇！

齐景公立刻醒悟。

齐 先生，我听懂您的教诲了。

于是，齐景公就下令拿出衣物和粮食，发放给饥寒交迫的百姓。他命令下属，凡是在路上看见饥寒者，不必问他来自哪个乡，也不必问他是哪一家的人，都将物资发放给他；巡行全国之后，统计发放数字，不必报他们的姓名；已任职的人发给两月救济粮，生病的人发给两年救济粮。

孔子听到这件事，评论了一番。

孔 晏子知道百姓的愿望，明白自己应该说的话，而景公也能把一句善言落实下去。

晏子与齐景公说的一句话，使百姓受了益。一个能使百姓受益的君主怎能不使他的国家繁荣呢？齐景公亲政之初，能够虚心纳谏，认真听取晏子等人的建议，放手让贤臣治理国家，从而使齐国在短短的几年内由乱到治，强盛一时。

——这个故事来自《晏子春秋·谏上》

孔子谈治国

楚国的叶公子高向孔子请教如何管理政事。

孔 好的管理能让近者高兴，远者归顺。

而鲁哀公向孔子询问如何管理政事的时候，孔子却说了另一番话。

孔 好的管理是选用贤才。

当齐景公向孔子询问如何管理政事的时候，孔子的答复又不一样了。

孔 好的管理在于节约财力。

听了这三种答复，子贡很不理解。

贡 老师，他们三个人问您同样的问题，都是如何管理政事，可您回答他们的内容却大不相同，这是为什么呢？

叶地的周边地域大而都城小，民众容易有反叛之意，所以我说政事在于使近者高兴，远者归附。

而鲁国的情况又有不同。鲁哀公有三个大臣，他们对外阻止四邻诸侯中有才能的人到鲁国来，对内却结党营私，愚弄君主。因此，造成宗庙得不到洒扫、社稷得不到血祭的混乱局面。所以我对鲁哀公说，政事在于选用贤才。

齐国与他们两国还不一样。齐景公为了修筑城门、建造正厅高台，一个早上就赏赐了三个人，而且每个人都可以得到近三百套马车的财富，简直是太浪费了！所以，我说他们的政事在于节约财力。

从这两个故事中我们就可以看到，一个国家无论是有一位明君，还是有一位忠诚善谏的贤臣，往往真的就应验了那句话——一言或兴邦，或丧国呀！

——这个故事来自《韩非子·三难》

君子和而不同

智慧篇

zǐ yuē　　jūn zǐ hé ér bù tóng　xiǎo rén tóng ér bù
　子曰："君子和而不同，小人同而不

hé　　zǐ lù
和。"（《子路》）

汉字有故事

　　同：甲骨文写作𠙵，表现了大家一起喊着口号耕地的热闹场面。由此引申，表示性质一样的东西或人在一起。

译文有看头

孔子说："君子在人际交往中能够与他人保持一种和谐友善的关系，但在对具体问题的看法上却不必苟同于对方。小人习惯于在对问题的看法上迎合别人的心理、附和别人的言论，但在内心深处却并不抱有一种和谐友善的态度。"

孔子说的"和而不同"是什么意思？

"和而不同"是孔子的一个十分重要的思想，充分反映出孔子的大胸怀、大智慧。孔子认为，真正的君子应该与其周围的人保持和谐、融洽的关系，但对凡事都有独立的见解，从不人云亦云，盲目附和；而小人则没有独立的见解，只求与别人完全一致，却与别人不能保持真正融洽、友好的关系。

《论语》有故事

子贡赴任

子贡赴任之前孔子对他说了一段话，言语中虽然没有"和而不同"的字眼儿，但字里行间无不透露着"和而不同"的思想。

子贡在赴任信阳县令之前向孔子辞行，并恳请夫子教诲几句。

孔 首先是尽心尽力地了解并顺应百姓的心愿，在适当的时候为百姓代言。另外，不要有侵夺行为，也不要居功自傲，不要采取残暴的方式对待下属和百姓。千万注意，绝不要盗取什么东西。

贡 老师，您的话我记住了。虽然弟子跟随老师学习的时间很短，但从不敢有违君子之道。老师为什么反复嘱咐我不要去做盗取之事呢？

孔 子贡，我说的盗取并非是指盗取财物，而是官场上常见的一种盗取。许多官吏明明是自己不肖、无能，却把人家贤者的功劳据为己有，这就是一种盗取。还有一种情况，自己虽然贤德，却把不肖、无能者的功绩据为己有，这也是一种盗取，可以说是居功自傲。自己的正确决策制定得非常缓慢，但是对下属的责罚却十分急促，这种用残暴的方式责罚下属的行为正是不容人的表现——不能宽容与自己意见不同的人，也同样是盗取。对于君子来说，难道一定是盗取钱财才叫作盗取吗？

子贡听罢，躬身行礼。

弟子谨记! 贡

孔 我听说过这样的说法：懂得做官之道的人，遵奉法令而求有利于百姓——也就是说在不违背法令的前提下，为了达到有利于百姓的目标，他会团结身边一切的人——而不懂得做官之道的人，却徇私枉法而侵害百姓。徇私枉法和侵害百姓，这两者都是与同僚、下属产生怨恨的原因。

弟子记在心中了。请问还有什么要告诫弟子的吗？ 贡

孔 面对上级官员的时候，最重要的是心平气和。因为上级官员的目标与君子所要完成的目标往往密切相关。面对财物的时候，就更要牢记廉洁。因为自身廉洁恰恰是能够使自己立于不败并受到属僚拥护的法宝。能够守住廉洁和平心静气，就没有什么可被人揭短、攻击的了。

孔 还有，隐藏起别人的善言善行，这是遮蔽贤人的行为，说明自己骨子里嫉妒别人、不

愿意与人合作呀！而宣扬他人的恶事，不能容忍别人，这更是小人的做法；别人有了错误，不在私下指正，却在公开场合攻击，这是不足以使人亲近的做法。被你攻击的人即使表面上对你不说什么，但内心却充满了对你的怨恨，他如何与你共事呢？说出他人的善言善行，只会让你有所收获，而不会对自己有所伤害；宣扬他人之恶事，非但不会有什么收获，反而只会伤害自己。所以，君子说话时一定要谨慎。不要把自己凌驾于他人之上，话说出口之前要加以选择，使自己口中所说的和耳朵听到的他人的言论相协调。

　　这就是伟大的孔子所倡导的"君子和而不同"，至今仍然是我们加强思想道德修养的准则。

——这个故事来自《说苑·政理》

或问子产

或问子产。子曰："惠人也。"问子西。曰："彼哉！彼哉！"问管仲。曰："人也。夺伯氏骈邑三百，饭疏食，没齿，无怨言。"
（《宪问》）

汉字有故事

产：金文写作 ，外面的 是"彦"的省略，表示从狩猎、农耕活动中总结出的经验，而里面的 则是小草发芽的样子。这个字的本义是根据农耕的经验播种庄稼。

惠：金文写作 ，上面的 是纺纱的转轮，代表纺织；下面的 代表"心"字，表示善良温柔。这个字的本义是女子能纺纱织布、操持家务，且心地美好、与人为善。

没：金文写作 ，左边的 是河流，右边的 是漩涡。人或东西掉进河流的漩涡里，肯定不见了踪影。这就是这个字最初的意思。而"没齿"一词，正是牙齿都掉光了的意思，表示一辈子、终身。

译文有看头

有人问子产是个怎样的人。孔子说："是个有恩惠于人的人。"这个人又问子西是个怎样的人。孔子说："他呀！他呀！"孔子没有正面回答。这个人又问管仲怎么样。孔子说："他是个有才干的人。他把伯氏骈邑三百家的封地没收了，而那伯氏即使终生吃粗茶淡饭，直到老死也没有怨言。"

孔子是怎样评价他人的？

在这段话中，孔子对每个人都做了比较客观、公正的评价。

孔子对子产评价颇高。尽管一般人都说子产在治理郑国的时候十分严格，甚至有些苛刻，但他却是个宽厚慈惠的人。子西虽是子产的同宗兄弟，但执政郑国时却无可称道，所以孔子只能发出几声慨叹。而他对管仲的评价更高。管仲为政很严厉，竟然剥夺了伯氏骈邑三百户的采地，而且使伯氏由家财万贯的富人变成了贫民。可是伯氏到死也没有怨恨的话，因为管仲毕竟给了伯氏一条活路。由此，孔子说他是个人才，后人也称其为春秋第一名相。

管仲为人

有一天，子路与孔子讨论起管仲这个人。

路 老师，管仲这个人怎样？

是个大人。 **孔**

路 当初，管仲劝说齐襄公为政，襄公却没有听从，这就说明他不善于言辞；管仲要立公子纠为国君而没成功，说明他的能力不够；他的家人在齐国被残害，他却没有丝毫的忧苦，这是他不懂得仁慈；即使他被关在囚车中也看不出一点惭愧的表情，看来他不知道愧疚；他居然能在当初要射死他的那个人的手下做事，这是他没有贞节的表现；召（shào）忽这个人可以为国君而死，而管仲却做不到，说明他缺乏仁德。既然管仲是这样的人，老师为什么还说他是个大人呢？

管仲劝说齐襄公为政，而襄公未从，这不是 **孔** 他的不善言辞，而是襄公没有理解他所说的道理；管仲立公子纠为国君而未成，也不是他能力不够，而是因为缺乏适当的时机和条件；管仲的家人在齐国被残害，他不是无动于衷，更不能说他不仁慈，而是他知道天命无法违抗；后来管仲被押在囚车之中，你看不出他有惭愧的表情，是因为他正在自我责备；至于管仲在曾经要射死自己的那个人的手下做事，乃是管仲坚守道义并能够变通的本领，并不是缺乏贞节；关于管仲不能像召忽那样为国君而死的问题，只能说管仲是一个能够辅佐天子、指导诸侯的人。假如他轻易毫无价值地死了，那他就同阴沟之中的污泥一样；如果保住生命，他就可以建立对天下人有益的功绩。而召忽只是个臣子之材，如果在战场上他不为君而死，就会成为敌方的俘虏；为君而死，就会赢得贞节的美名而传遍天下。子路哇，看来这些问题你的确是不了解呀！

孔子对管仲的认识是从更高的层面上，看其对国家、对百姓的态度是否仁爱；看其是具有心怀大格局的境界，还是只顾眼前悲喜好恶的情感；看其是否具有既能恪守礼义，又能随机变通的意志和智慧。所以，孔子对管仲的加誉，一般人是不能理解的。而孔子对历代贤人君子的评价，正是他自己身体力行的由衷之言。因此，孔子才能成为万世之表。

——这个故事来自《说苑·善说》

或問子產。子
曰：「惠人也。」

原壤夷俟

原文有韵味

　　yuán rǎng yí sì　　zǐ yuē　　　yòu ér bú xùn tì　zhǎng

原壤夷俟。子曰："幼而不孙弟，长

ér wú shù yān　lǎo ér bù sǐ　shì wéi zéi　　yǐ zhàng kòu qí

而无述焉，老而不死，是为贼。"以杖叩其

jìng　　xiàn wèn

胫。(《宪问》)

汉字有故事

　　原：甲骨文写作♨，金文写作♨，像石洞里有水流在流动，强调山泉飞流直下的特点。这个字的本义是指产生水流的地方。随着汉字的丰富，"源"字承袭了这个意思，而"原"则用来表示比较抽象的意思，比如开始的、最初的，又延伸出原来、本来等。

译文有看头

原壤叉开双腿坐着等待孔子。孔子骂他说："年幼的时候，你不讲孝悌，长大了又没有什么可说的成就，这么大岁数了只顾偷生不死，真是害人虫。"说着，用手杖敲他的小腿。

为什么孔子大骂原壤？

从这段话中，我们似乎看到了一个与平常那个温文尔雅、文质彬彬的圣人迥然有别的老人。为什么会这样呢？

孔子有一个老相识叫原壤。当原壤母亲去世的时候，孔子帮他收拾棺木，原壤却旁若无事地敲着棺木说："我已经很久没有唱歌了。"于是他唱道："斑白的狸猫之首，牵着你柔软的手。"孔子虽然很不满意，却装作没听见的样子走开了。孔子的随从问："先生为什么不让他停止唱歌呢？"孔子说："你不知道吗？未失去的亲人才是亲人，未失去的老相识才是老相识呀！"

孔子的意思是，原壤虽然在唱歌，但实际上却并没有忘记他的母亲。现在，原壤虽然是这个样子，但毕竟还是老朋友。由此可见，孔子非常重视亲情和友情，但又非常有原则。他曾经告诉弟子们"无友不如己者"（《论语·学而》），意思是不要与志趣、品德不同的人交朋友。可是，隔了这么多年，原壤居然还是老样子，不但没有什么出息，而且待人还是那么没有礼貌。因此，孔子真的生气了。"原壤夷俟"这段话还原了一个爱憎分明、疾恶如仇的孔子。孔子对朋友的态度如此，对待管理国政的态度也是如此。孔子看到原壤还是一点长进没有，就同一个病入膏肓的人一样不可救药，所以才骂他"老而不死，是为贼"。

　　　　　　　——这个故事来自《礼记·檀弓下》

《论语》有故事

孔子救世

孔子来到了齐国，晏子在国宾馆接待孔子。宴席结束后，晏子私下见孔子。

晏 齐国现在非常危险了。打个比方说，就好像是一辆没有车闸的车子奔驰到万丈深渊的边缘，简直是无法避免颠覆的命运了。假如先生能把齐国作为您施展抱负的地方，大概还可以补救。先生既然与我心心相通，就请先生不要有什么顾忌。

孔 您的话我听明白了。已经不可救药的病就是病入膏肓啊！国家的政令就好比是国君手中用来控制车子的缰绳，是用来控制国家这辆大车的行走趋势的。现在，齐国国君失去这个缰绳的时间已经很久了，先生即使要用肩膀顶着车盘儿，两手扶着车轮，恐怕也难以避免车子的颠覆哇！从此之后，齐国恐怕就要属于田氏了。

孔子的这番话虽然没有像骂原壤那样么直接，但言外之意是齐国真的没救了。大家都知道扁鹊见蔡桓公的典故，但又有多少人能从中汲取教训呢？

像晏子那样的贤臣平时没有少给齐国的主政者提建议，可是就像那蔡桓公不听扁鹊的话一样，身边的贤臣良将再多又能怎么样呢？医家说"不治已病治未病"，尤其不能再治无可救药的病。所以，尽管晏子对孔子说得如此恳切，但齐国的国政已经像那原壤一样，就是神仙恐怕也无力回天了。

这就再一次说明，孔子的"明知不可为而为之"的救世态度，其实是有原则的。在礼崩乐坏的大环境中，他能够以大无畏的精神全力宣传周礼。但当他发现一个人或一个国家真的到了病入膏肓的程度，他就会采取非常智慧而又可以自保的中庸态度。

所以，对世人的智慧孔子有这样的评价。

孔　人们都说"我很有智慧"，但是在许多人身上普遍存在着一个问题，即当受到某种诱惑而进入罗网、笼子，或者陷阱之中的时候，没有人知道躲避开。人们都说"我很有智慧"，但是在选择了智慧的中庸之道后，却连坚守一个月都做不到，这不是很可悲吗？

——这个故事来自《孔丛子·嘉言》

颜渊问为邦

原文有韵味

yán yuān wèn wéi bāng　　zǐ yuē　　　xíng xià zhī shí　chéng
颜渊问为邦。子曰："行夏之时，乘

yīn zhī lù　　fú zhōu zhī miǎn　　yuè zé sháo wǔ　　fàng zhèng shēng
殷之辂，服周之冕，乐则韶舞。放郑声，

yuǎn nìng rén　　zhèng shēng yín　　nìng rén dài　　　　　wèi líng gōng
远佞人。郑声淫，佞人殆。"（《卫灵公》）

汉字有故事

夏：金文写作𦥑，上面的𦣻是"页"字，表示思虑、琢磨；中间的彐是动物的爪子，而𠂇则表示操持；左下的匕是一把刀，代表垦荒的工具；右下的𡉚代表翻地的农具。整体来看，这个字的本义表示观测天象劳作，进而表示生活在十分炎热的中原的一个民族。由此，"夏"是古代汉民族，即华夏民族的自称。又由于当时的华夏民族是一个庞大的群体，因此，"夏"也有"大"的意思。

放：甲骨文写作方，是在人的头顶、颈部加一横，表示将罪犯的头发剃光，给他的脖子上戴上枷锁，把这人押送到边远地区，也就是"流放"的意思。金文写作放，增加了拿武器击打、惩戒的含义。在这里是"禁绝""排斥""抛弃"的意思。

译文有看头

颜渊问怎样治理国家。孔子说："用夏代的历法，乘殷代的车子，戴周代的礼帽，奏舜和武王时的音乐，禁绝郑国的乐曲，疏远巧言令色的人。郑国的乐曲浮靡不正派，奸佞的人太危险。"

什么是"行夏之时"？

孔子说"行夏之时"，即《大戴礼记》中的《夏小正》——夏朝的历法。这是我国先民自己创制出来的关于年、月、日、二十四节气怎样划分的历法。历法的出现对国家经济、文化的发展有深远的影响。历法还有一个意义，即在古人的观念中，一个新的朝代建立以后，第一件要做的事情就是要颁布新的历法，公布新的官服式样，这就叫作"改正朔，易服色"。孔子说的"行夏之时"就是要学习夏朝圣贤的管理制度。

孔子认为乘车与穿衣应有哪些规矩？

孔子所说的"乘殷之辂"，是在推崇殷代的交通工具。这种车子的主要特点就是朴素。《左传·桓公》载："大路（即辂）越席，……昭其俭也。"越席，就是把蒲草编的席子放在车中的座位上作为坐垫，这样就显得非常俭朴。这并不是单纯地在夸"殷辂"，而是在暗讽当今一些诸侯过于奢靡的乱象。

"服周之冕"即指周朝典礼上的衣服和王冠。冕是皇帝戴的礼帽，孔子推崇西周时期用于祭祀场合的天子衣冠，其用意在于尊崇、继承符合周礼的体制和精神。

孔子是怎样看待音乐与语言之间的联系的？

中国历史上的各种典礼，如祭祀、成人礼等，以及对国民实施的教化，都需音乐，但孔子只是把"韶舞"视为正宗音乐。韶，专指舜的音乐；舞，通"武"，即武王的音乐。孔子认为韶乐是治国之本，所以才回答颜渊说还应实行"乐则韶舞"的教化。

所谓"郑声"是郑国的音乐，但孔子认为"郑声淫"，说郑国的音乐滥而无节制。因此，"淫于色而害于德，是以祭祀弗用也"（《礼记·乐记》）。意思是郑国的音乐很复杂，是以声色丧志而损害品德的；所以，祭祀时当然不能用这些音乐。

"佞"的本义是用花言巧语谄媚，佞人自然成为治国的大忌。孔子旗帜鲜明地主张"放郑声，远佞人。郑声淫，佞人殆"，就是为了杜绝、禁止一切有害于德的音乐，因为音乐是发自人的内心的情感和信念。因此，必须加强对百姓的教化，远离或消灭佞人。

总之，孔子在回答如何治国安邦的时候，强调了博采历代的长处。尽管孔子说的都是诸如车子、礼帽、音乐等具体事物，但实际上是在以具体代抽象，以微观代宏观，暗示国君在仁德修养、生活用度、管理制度、礼仪教化等诸多方面应该克己复礼。

《论语》有故事

深山大会

夏朝建立后，大禹在涂山（一说在今安徽怀远东南八里淮河东岸）召开诸侯大会，会上他检讨了自己的过失，以安定、凝聚诸侯之心。

大禹穿着法服，手执玄圭（一种黑色的玉器）站在台上。四方诸侯两面分列，一齐向大禹稽首敬礼，大禹则在台上也对诸侯稽首还礼。

礼毕之后，大禹向大家发出了恳求。

禹 我平治水患，虽略有微劳，但实在不敢自矜；先帝也常以此告诫我："你只有不夸耀自己，天下就没有人与你争功。"如今我德薄能鲜，恐怕难以服众，希望各位对我能恳切地批评和劝喻，让我知过改过，否则就是让我不仁哪！

诸侯也都明白大禹是受命于天，一看大禹的这种态度，也都表示敬重、佩服。这就是史书记载的"禹会诸侯于涂山，执玉帛者万国"的重要事件。

——这个故事来自《左传·哀公七年》及民间传说

放郑声，
远佞人。

不
知
命

kǒng zǐ yuē　　　　bù zhī mìng　　wú yǐ wéi jūn zǐ yě　　bù
孔子曰："不知命，无以为君子也；不

zhī lǐ　wú yǐ lì yě　　bù zhī yán　　wú yǐ zhī rén yě
知礼，无以立也；不知言，无以知人也。"

yáo yuē
(《尧曰》)

汉字有故事

命：甲骨文写作 𝄞，像人的头上戴着一个大帽子。古时候，能戴大帽子的人往往是身份地位比较高的人，由此，这个字有上级指示下级的含义。金文写作 𝄞，强调用嘴来说出的上级指示。古人认为神明是地位最高的存在，因此"命"又指在上天的安排下人要经历的生死、贫富。

译文有看头

孔子说："不懂得天命，就不能做君子；不知道礼仪，就不能立身处世；不善于分辨别人的话语，就不能真正了解他人。"

为什么孔子认为"知命""知礼""知言"是君子的必修课？

在《论语》的最后一章里，孔子又一次提出衡量君子的三个标准，即"知命""知礼""知言"。孔子设帐教书，谆谆教诲弟子，无不是在努力培养和塑造具有理想人格的君子，使其最后成为治国安邦平天下的仁人志士。

我们理解的孔子心中的"命"，实际上一个是上天的意志，这可以说成是定数；一个是时间、机遇以及个人的努力，这又是一个变数。因此孔子说："贤不肖者才也，为不为者人也，遇不遇者时也，死生者命也。"（《说苑·杂言》）孔子认为一个人贤或不贤，是根据自己的才华来划分的；而是否有所作为，是人们自己可以把握的；至于机遇好或不好，是时间和时机的问题；至于是死还是活，俗话说"生死有命"，那就只得看老天的旨意了。

把此生自己应该做的、或尽可能做的事一定要先做好，至于其他的，只能是听天由命了——这里包括自己无法掌控的时机、机遇、生老病死等诸多方面的因素。

但最重要的是，不能消极地一味服从命运。一个人还应该有一个自强不息的"运命"性格和意志。孔子说"三十而立"，是说通过自己的努力，能够立足于世。所谓努力，就是改变命运的决心、智慧和行动，而改变命运就是"运命"。对此，我曾经写过这样一首诗：

> 秋冬春夏有天道，成败兴衰靠自身。
> 发奋苏秦封上相，荒疏仲永落平民。
> 崎岖山路辟蹊径，漂远航程靠舵轮。
> 命运本为运命是，班车不等误时人。

至于君子应该"知礼""知言"，更是一个人具备完美人格的必修课。这两条往往又和"知命"紧紧地联系在一起，即在基本上掌握或是预知了某事物的发展趋势之后，既要努力地为适应未来发展做好应有的准备，又要审时度势、怀仁知礼，还要机敏通达，尽力做好自己应该做的一切事情。

《论语》有故事

邱成子访晋国

鲁国国君派大夫邱成子去访问晋国。邱成子途经卫国的时候，卫国担任右宰之职的大夫縠（gǔ）臣挽留邱成子，并专门为他准备了十分丰盛的酒席。在饮酒期间，縠臣特意安排了演奏音乐。但奇怪的是，在这场有声有色的宴席上，縠臣竟没有一点快乐的样子。直到酒宴接近尾声的时候，縠臣把一块玉璧赠送给了邱成子。邱成子当时虽然没有说什么，但已经预感到一定要发生什么大事情了。

邱成子从晋国回来的时候，又经过縠臣那里，却没有去向縠臣告别，他的仆人感到很疑惑。

仆 先生，咱们来的时候，縠臣设宴请您饮酒，这是一件多么令人高兴的事呀！可现在您经过他这里，怎么不向他告辞呢？

邱 当初他留我饮酒，是因为与我友好交往的礼节。但他在演奏音乐的时候却闷闷不乐，那就是在用表情告诉我他有忧虑。酒宴临结束之前，他又赠送我一块玉璧，那是在暗示我，他要把珍贵的东西托付给我。如果把这些情节联系起来看，我想，大概卫国要出乱子了吧！

果然，邱成子离开卫国三十里之后，就听说卫国的一位名叫宁喜的卿大夫杀了卫国国君，右宰穀臣也同时被杀了。邱成子立刻掉转车头回去为穀臣哭丧，哭了三次之后就回国了。

邱成子回到鲁国之后，派人把穀臣的妻子和孩子迎接到鲁国，把自己的宅子隔出一半让他们居住，而且把自己的俸禄拿出一部分来供他们吃饭穿衣。就这样，经过数年，穀臣的儿子长大了，邱成子又把玉璧送还给他的儿子。

孔子听说此事之后，非常感慨。

孔 智慧得可以不用明说就一起谋划隐秘的事情，仁德得可以托付珍贵的财物，邱成子就是这样的人了。

孔子如此评价邱成子，是因为邱成子应邀赴席、主动赴丧是知礼；而从穀臣席间的郁闷、临别时的托玉，便预料出穀臣的不测，这又是知人、知言、知命（预知事物的发展趋势）。正因为如此，邱成子才是一位"知命、知礼、知言"的真君子。

——这个故事来自《吕氏春秋》

孔子论死

有一次，子贡向孔子请教人死后的事。

贡 死人是有知觉呢，还是没有知觉呢？

孔 我要是说死者有知觉，就担心孝子贤孙们会为了给死者送葬而妨害自己的生命；我要是说死者没有知觉，又担心不孝子孙们会舍弃死者而不好好地送葬。子贡啊，至于死人到底是否有知觉，死了之后再知道实情也不算晚哪。

孔子这段话的中心是在强调人生贵在做好此生该做的事情，而且还绝不可懈怠。而子贡提出的问题也似乎是一个"知命"和"不知命"的问题，所以孔子才做了一个十分微妙的回答：先不要管其他的了，是君子就先做好眼下或此生该做的事。所以，孔子说："未知生，焉知死？"（《论语·先进》）他强调，一个人连自己究竟应该怎样活着都没有想好，又怎么能去考虑自己死后的状况。因此，他认为生而为人就应该尽人事而听天命。

——这个故事来自《说苑·辨物》

不知言，无以知人也。

意志篇

道不行

原文有韵味

zǐ yuē　　　 dào bù xíng　　 chéng fú fú yú hǎi　 cóng wǒ
子曰："道不行，乘桴浮于海。从我

zhě qí yóu yú　　　 zǐ lù wén zhī xǐ　 zǐ yuē　　 yóu yě
者，其由与？"子路闻之喜。子曰："由也

hào yǒng guò wǒ　　 wú suǒ qǔ cái　　　　　 gōng yě cháng
好勇过我，无所取材。"（《公冶长》）

汉字有故事

浮：金文写作🌊，左边的〰像河流，右边的🤲像一只手托举小孩头部。这个字的本义是在水面上漂游。

从：甲骨文写作从，看起来像两个人合在一起。金文写作从，左边的彳表示道路，右边像两个人一前一后相随而行。

喜：甲骨文写作喜，上面的壴像"鼓"字，代表庆典；下面的口像笑起来上翘的嘴巴。这个字的本义是人们在庆祝活动中欢笑。

译文有看头

孔子说："如今仁政之道很难推行于天下，那我们就乘一只小舟漂流到海外吧！在我的弟子中恐怕还是子路能够跟随我吧？"子路听到后非常高兴。（可是）孔子又说："子路勇武过人超过了我呀，但我们找不到用来做舟的竹木哇！"

孔子是在什么情景下说出上面这段话的？

春秋时期，孔子为了宣传和推行周礼而周游列国、颠沛流离，希望能够辅佐君王大行王道，进而上助国君，下泽黎民。因此，孔子一行经常是风餐露宿，甚至有的时候连饭都吃不上。尽管如此，却没有一个高明的国君任用孔子来施行仁政，有的诸侯国的人甚至还四处追杀他。

孔子之所以说出这段话，是让我们可以通过想象来还原当时的情景——

有一天，孔子感慨"世风日下，人心不古"。我们可以理解，孔子虽然是圣人，可圣人也有心累的时候，也有对人、对事发点感慨的情愫哇。孔子心想："如今世人不能理解我，国家不能任用我，我的治国大道不能实行于天下了。文化竟然如此难以振兴，社会风气已经无可挽回，即便我还住在鲁国，又能做点什么呢？"于是他就对子路说："既然仁道在天下无法实行，不如我们乘着木筏，泛舟远洋，去天涯海角做个隐士吧！在我的弟子中，如果还有能够跟随我一起去的人，那一定是仲由（子路）了。"子路听了老师这番话，真是喜出望外，夫子身边这么多的弟子，就选中了他随之漂游海外，这是多么荣幸啊！

其实，孔子对子路所说，不过是慨叹自己怀才不遇、宏图未展的遗憾，并不是真的要退隐于海上。因此，孔子说到这里，又看了看子路说："子路勇武过人，是一位忠义之士，所以能临险不避，这一点子路超过了我呀！只可惜我们找不到能漂洋出海到达海外仙山的木材呀！"

孔子说的"无所取材"是什么意思

关于"无所取材"有两种解释：

其一，"材"通"哉"，如果将"材"解释成语气助词。那"无所取材"就成为孔子批评子路的话，即子路除"勇"外，一无可取。这与上下文的语意矛盾。

其二，"材"是原意，即造舟船的材料，这句话指的是无法得到远行的工具。

关于这句话的寓意，只能理解为孔子身心太疲惫了，绝非真的想远遁世外。这段话除了表明孔子在十分艰难的境遇中偶发感慨之外，从"由也好勇过我，无所取材"一句来看，恰恰证明了孔子丝毫没有隐遁世外的动摇之念。

《论语》有故事

孔子高歌

孔子离开曹国到宋国去，与弟子们每天在大树下习礼。宋司马桓魋（tuí）打算杀掉孔子，就派人把那棵弟子们用来习礼的大树砍掉了。

在大家深深感到没有退路的时候，弟子们都想赶快逃跑，唯独孔子十分从容镇定。

孔 上天生下了我，要我承传文德，那桓魋不过是宋国一个小小的司马，又能拿我怎么样呢？

还有一次，孔子一行经过卫国的匡地，匡人围住了大家。子路大怒，举起戟来要与匡人搏斗，孔子却挥手拦住了他。

孔 哪里有修治仁义的人却不原谅世俗之人的道理呢？如果不研究诗书，不学习礼乐，这是我的错；但把宣扬先王美德作为一种罪责，那就不是我的罪过了！子路，你唱起歌来，我应和你。

唱完几首歌之后，匡人竟自己卸甲而去。

在逆境中，孔子仍坚持自己的人生追求，真可谓意志坚定，诚心至极他又怎么能轻易地"乘桴浮于海"呢？

——这个故事来自《史记·孔子世家》

由也好勇过我，无所取材。

贤哉，回也

原文有韵味

子曰："贤哉，回也！一箪食，一瓢饮，在陋巷，人不堪其忧，回也不改其乐。贤哉，回也！"（《雍也》）

汉字有故事

陋：大篆写作𨻶，像一个半封闭的空间，表示原始居住的洞穴。小篆写作𨻶，多添加了代表荒山野岭的阝，强调远离城区。因此，这个字的本义是交通不便的山沟。

堪：小篆写作堪，本义是指地面凸起，在这里是"忍受"的意思。

忧：甲骨文写作𢗓，像一个人迈着沉重的步伐用手遮着脸走路，表现出一个人为某事思虑重重的样子。小篆写作憂，上面的𦣻代表头部，表示思虑；中间的心是"心"字，表示心中感怀；下面的夊表示脚趾，是走路的意思。整体来看，它指的是头脑中不断思索，内心中也跟着忐忑，由本义中的费脑力思考延伸出心情不舒畅的意思。

译文有看头

孔子说:"颜回,贤德呀!颜回,吃的是一小篮饭,喝的是一瓢冷水,住在简陋的小巷中。别人都忍受不了这种贫苦,颜回却仍然不改变一心向道的乐趣。颜回,贤德啊!"

孔子为什么褒扬颜回?

孔子褒扬颜回"贤哉",是因为颜回在别人忍受不了的艰苦环境中不改其乐。深层来看,他是在褒扬一种"贫贱不能移"的精神。孔子在《论语·学而》中说:"君子食无求饱,居无求安,敏于事而慎于言,就有道而正焉,可谓好学也已。"说的正是颜回这种人。孔子之所以夸赞颜回,是因为在他看来,颜回的所作所为真正体现了他所倡导并代表的儒家风范。

其实,孔子对颜回的这一点早就深信不疑。《孔子家语》中说,当师生们困在陈、蔡两国之间时,子贡怀疑颜回偷食米饭,就问孔子:"贤德的人在穷困的时候能够改变他的节操吗?"孔子说:"改变了节操还能称作贤德吗?"子贡又说:"比如颜回就不能改变其节操吗?"孔子答:"对,我相信颜回的忠信行为已经很长时间了,即使你这样说他,我仍然不怀疑他。所谓偷食米饭,其实是对他的一种误解,其中大概是另有原因吧!"

《论语》有故事

孔子觐见鲁哀公

孔子回到鲁国后，住在鲁哀公招待客人的馆舍里。哀公从大堂东面的台阶走上来迎接孔子，孔子从大堂西面的台阶上来觐（jìn）见哀公，然后到大堂里，并站着陪哀公说话。

鲁 你是有学问的人，给我说一说什么才是儒者的风范呢？

孔 儒者有一亩地的宅院，只居住着一丈见方的房间就够了。用荆竹编制的院门非常狭小，就像一个小洞一样，并且用蓬草编制成房门，用破瓮口做窗框。只有外出的时候，才能换一件遮体的衣服。由于贫穷，常常是一天的饭并为一顿吃……但儒者不因贫贱而灰心丧气，更不会因富贵而得意忘形。

孔子的这段话说得鲁哀公连连点头，赞叹不已。从这段话中，我们不仅看到了颜回的影子，而且我们也能推想出凡是真正的孔门弟子、凡是真正的心怀仁德的贤士君子都具有这种道德风范。

——这个故事来自《孔子家语》

原宪自甘居贫

原宪在鲁国居住的时候，家居只是方丈小屋，用新割下的茅草作房盖，用蓬草编成的门四处透亮。原宪用折断的桑条做门轴，用破瓮做窗框，再将粗布衣堵在破瓮口上。尽管屋子上面漏雨，屋里面地潮湿，但原宪却端端正正地坐在屋里弹琴唱歌。

有一天，已经发达致富的子贡乘着高头大马拉的车子，穿着暗红色的内衣，外罩白色的大褂来看望原宪。由于巷子小，子贡那高大华贵的马车进不去，因此子贡只好步行走到原宪家的院门。原宪听到敲门声后，立刻应声走出屋子去开院门。子贡一看，原宪戴着裂开口子的帽子，穿着十分破旧的鞋子，还拄着一根藜杖。

贡 哎呀！先生得什么病了吗？

原 我听说，没有财物叫作贫，学习了却不能付诸实践叫作病。我原宪只是贫困，并不是生病啊！

子贡听了连忙退后几步，脸上现出羞愧之色。

原 迎合世俗行事，互相依附交友；故意做出勤奋学习的样子去求别人夸赞；故意刻意教诲别人来炫耀自己；讲求高车大马的华贵装饰，从而满足自己的虚荣——这些我都是不愿去做的。

由此可见，儒家的"贫贱不能移"的高尚品格一直被推崇、承传至今。

——这个故事来自《庄子·让王》

人不堪其忧，
回也不改其乐。

笃信好学

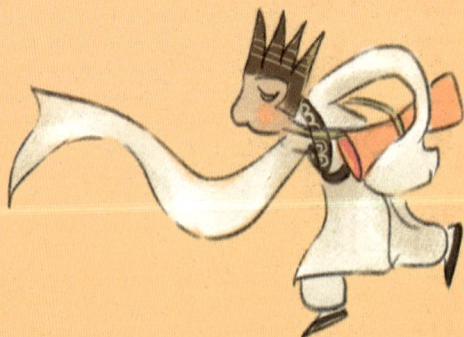

原文有韵味

子曰："笃信好学，守死善道。危邦不入，乱邦不居。天下有道则见，无道则隐。邦有道，贫且贱焉，耻也；邦无道，富且贵焉，耻也。"（《泰伯》）

汉字有故事

笃：金文写作𪃿，上面的艹像竹子，代表竹笼；下面的𩦂指马，强调了马嘴。这个字的本义是给马嘴套上透气的竹笼，使马不能去吃路边的野草，以便一心为主人服务。

危：小篆写作危，上面的⺈代表人，下面的厂代表悬崖，里面的㔾是"人"的变形。这个字的本义是，人在悬崖上面，担心坠崖；人在悬崖下面，又担心被掉落的石头砸到。

隐：小篆写作隱，左边的阝是需要一节一节爬上去的石梯，表示高山；右上的爪是一个爪子；紧挨着的工代表"工"，表示生产工具；中间的彐像一只手，表示抓住；最下面的心代表欲望。由此看来，这个字的本义是在深山里劳作生活，按捺住滋生欲望的本心。

译文有看头

孔子说:"坚定信念并努力学习,誓死守卫并完善治国大道。因此,不进入政局不稳的国家,不居住在动乱的国家。天下有道就出来做官,天下无道就隐居不出。国家有道而自己贫贱,是耻辱;国家无道而自己富贵,也是耻辱。"

孔子的信念是什么?

孔子信念坚定,他就是要用周礼拯救天下。如果一个邦国礼崩乐坏,就不要在这个国家做官;如果一个邦国能够施行周礼,就可以出仕。但必须坚持的是,一定要将国家的命运同自己的荣辱结合在一起。然而孔子和他的弟子们周游列国十四年,却没有哪个国家在真正地实行周礼。

《论语》有故事

孔子劝学生

孔子一行奔走呼号宣传周礼，却没有任何一位国君能够理解他们，也没有哪个国君完全接受并推行王道仁政，而且孔子他们还多次受困。孔子看到弟子们心中有忧愁和疑虑，便叫来弟子询问。

孔 子贡啊，《诗经》中说："既然我不是犀牛老虎那样的野兽，为什么会沦落到在野外游荡的境地呢？"难道我所倡行的道错了吗？我们为什么会有这样的处境呢？

贡 夫子之道达到了最高、最理想的境界，之所以天下没有地方能容纳夫子，是否是夫子要求的标准太高了？我想您是不是应该稍微降低一点标准呢？

孔 子贡啊，一个好的农夫能够种庄稼，却不能保证必然能得到收获；一个好的工匠心灵手巧，做出的东西却不一定能符合所有人的喜好。君子能够修养正道，可以提出纲领而且有条不紊，可以统筹安排一切而且可以治理好天下，却不能保证让天下必然能采纳施行他的主张。如今你不修你的正道，却去考虑怎样被天下所采纳，子贡啊，你的志向不够远大呀！

子贡出去后，颜回进来见孔子。

孔 颜回呀，《诗经》中说："既然我不是犀牛老虎那样的野兽，为什么会沦落到在野外游荡的境地呢？"难道我所倡行的道难道错了吗？我们为什么会有这样的处境呢？

颜 夫子之道达到了最高、最理想的境界，所以天下就没有地方能容纳夫子。虽然如此，但夫子却尽心尽力去推行，我想即使不被天下人所采纳，可对夫子之道又有什么伤害呢？正因为不被天下所采纳，而又还是坚守正道毫不动摇，这才显示出君子的修养啊！如果不修养正道，则是我们的耻辱；我们修养正道了，却没有被天下所应用，那是掌管国家的人之耻辱。

孔子高兴地笑了笑。

孔 颜氏之子竟然有这样的见识，太好了！假如你财富多了，我就去给你做管理者。

这个故事最能表现孔子坚定的、毫不动摇的信仰，以及为了道义而义无反顾的、伟大的民族精神。这也正是我中华民族五千多年来，虽历经坎坷磨难，却仍然立于不败之地的根本原因。

——这个故事来自《史记·孔子世家》

笃信好学，守死善道。

子欲居九夷

zǐ yù jū jiǔ yí　　　huò yuē　　　lòu　　rú zhī hé
子 欲 居 九 夷 。 或 曰 ：" 陋 ， 如 之 何 ？ "

zǐ yuē　　　jūn zǐ jū zhī　　hé lòu zhī yǒu　　　　zǐ hǎn
子 曰 ：" 君 子 居 之 ， 何 陋 之 有 ？ "（《 子 罕 》）

意志篇

汉字有故事

　　居：甲骨文写作　　，左边是女子，右边是羊水中头朝下的婴儿。这个字的本义是孕妇生下孩子。篆书写作居，整体看来像一个遮风挡雨的房子。至此，这个字延伸出人在家里的意思。

译文有看头

孔子想要搬到九夷一带的地方去居住。有人对孔子说："那里非常落后闭塞，不开化，怎么能住呢？"孔子说："有君子去那里住，那里就不会闭塞落后了。"

孔子去九夷是在逃避吗？

孔子身处困境，因此要到九夷。但这并不是逃避，而是一种巧妙迂回的智慧。就像那溪水一样，是一种历尽曲折不到大海不回头的精神。

《论语》有故事

孔子与阳货

匡地在春秋时期是一个很偏远的地方，孔子经过这里的时候，被匡人抓住囚禁起来。因为当时鲁国有个人叫阳货，他曾掠夺和杀害匡人，而孔子长得又很像阳货，所以他被抓了起来。

孔子的弟子们都很担心老师有什么意外，孔子却一点也不害怕。

孔 周文王死了以后，一切文化不都在我这里吗？如果上天要让这种文化灭亡，那我也不会掌握这些文化；如果上天不让这种文化灭亡，匡人还能把我怎么样呢？

孔子坚定地认为自己担负着承传文化的历史重任，而且一定能够成功，所以才说"君子居之，何陋之有？"。

——这个故事来自《论语·子罕》

古代明君的王道

一天，孔子在家闲居，弟子曾参在身边陪侍。

孔 曾参哪！当今身居高位的人，只能听到一般的士和大夫的言论，而那些有高尚道德的君子的见解、言论，就很少能听得到了。唉，我如果把成就王业的道理讲给身居高位的人听，那么，他们即使不出门户，也可以治理好天下呀！

这时曾参谦恭地站起来，小心翼翼地离开座席，躬着身子低声向孔子请教。

曾 请问先生，什么是成就王业的道理呢？

孔子没有回答，曾参便加小心地解释起来。

曾 能赶上先生有空闲的时间是很难得的，所以弟子才敢大胆向您请教。

孔子还是没有回答。曾参有些紧张和害怕，于是提起衣襟退到了夫子的座位旁边。

为什么曾参问了两次孔子都没有回答呢？因为这个话题让孔子感到十分郁闷——古代明君的王道距今实在太遥远了，即使自己说出成就王业的道理，曾参也还是不会理解的。

过了一会儿，孔子叹息了一声，回头对曾参说了一番话。

孔 曾参哪！我可以对你谈一谈古代明君的治国之道，你坐下吧！

曾参赶忙向孔子回复。

曾 我不敢说自己有足够的知识，能够听懂您谈治国的道理，只是想通过听您的谈论，达到点拨自己学习的目的。

孔 好吧，那我就讲给你听。所谓道，是用来彰明德行的；德，是用来尊崇道义的。这两者是互为的。因此，没有德行，道义就不能被尊崇；同样，没有道义，德行就无法发扬光大。

举个例子来说吧。如果有一匹最好的马，却不能按照正确的方法来驾驭，那么，它就不可能在道路上飞速奔跑。一个国家即使有广阔的土地和众多的百姓，但如果国君不能用正确的方法来治理，那么这个国家的君主也不可能成为霸主或成就他的王业。

因此，古代圣明国君的治国之道，应该在内实行"七教"（古指父子、兄弟、夫妇、君臣、长幼、朋友、宾客之间各自应当遵从的伦理规范），对外实行"三至"（最高的礼节是不谦让而天下得到治理，最高的奖赏是不耗费财物而天下的士人都很高兴，最美妙的音乐是没有声音而使百姓和睦），这样一来，如果对外征伐，就一定能得胜还朝。

曾 老师，既然不为政事烦劳、不劳民伤财的君王叫作明君，那么您能给学生讲一讲其中的道理吗？

孔 古代的舜帝身边有两个最出色的臣子，一个是禹，一个是皋陶，舜帝就是依靠这两个贤才的努力治理好了天下。这样的国君还能有什么烦劳呢？

一个国家政局不安，是国君最大的忧患；而政令不能推行，则是臣子的罪责。在使用民力和征收税费上，国家如果实行十分之一的税率，让百姓服劳役一年不超过三天，然后令百姓按季节进入山林湖泊伐木渔猎而官府不滥征税，交易场所也不滥收赋税，再加上圣明的君主自己能够节制田税和使用民力，那么国家还会浪费财力吗？

孔子坚信，真正的贤明君主一定会理解并实行这样的仁政，而百姓更会因仁政而安居乐业。

孔子登上东山，感觉鲁国变小了；登上泰山，感觉天下也变小了。这不仅是一种胸怀和气魄，更是一览天下推行仁政的坚定信心，是喻指孔子站在人伦道德的高峰之上、站在王道治国的制高点来看待天下人生。因此，他信心满满地说："君子居之，何陋之有？"

——这个故事来自《孔子家语》

君子居之，
何陋之有？

子路宿于石门

原文有韵味

zǐ lù sù yú shí mén　　chén mén yuē　　　xī zì　　　zǐ
子路宿于石门。晨门曰："奚自？"子

lù yuē　　　zì kǒng shì　　yuē　　　shì zhī qí bù kě ér wéi zhī
路曰："自孔氏。"曰："是知其不可而为之

zhě yú　　　　xiàn wèn
者与？"（《宪问》）

汉字有故事

奚：甲骨文写作，像一只手拽着脖子上套着绳索的战俘或奴隶。这个字的本义是对套着绳索的奴隶进行拷问。进行拷问就一定会用到疑问词，因此这个字又延伸出疑问词的含义。在这里，表示疑问代词"哪里"。

自：甲骨文写作，表示人的鼻子，有鼻梁、鼻翼。小篆写作。这个字的本义就是鼻子，后来人们创造了"鼻"，"自"就是留下了比较抽象的意思，指"自己"。

译文有看头

子路夜里住在石门，早上看门的人问："你从哪里来？"子路说："从孔子那里来。"看门的人说："是那个明知做不到却还要去做的人吗？"

"知其不可而为之"是一种怎样的精神境界？

"知其不可而为之"，是一种精神境界，是当一个人树立了一个大目标之后，无论遇到怎样的艰难险阻都会一往无前、义无反顾地坚持到底的精神。

战国时期的屈原在"路漫漫其修远兮"中求索，其"虽九死而犹未悔"的精神就是"知其不可而为之"的精神。而孔子在礼崩乐坏的春秋时代奔走呼号恢复周礼，更是一种"知其不可而为之"的伟大精神。

从看门人的话中，我们可以看出当时普通人对孔子的评价和态度，及其在民间的广泛影响。

《论语》有故事

夹谷之会

鲁定公和齐侯在齐国的夹谷举行会盟的时候，孔子正代理司仪。其实，齐国是有预谋的，准备伺机谋杀鲁定公。因此，孔子是冒着极大的生命危险去参加会盟的。会上孔子勇敢、果断地制止了齐国的两次无理行为之后，最终齐、鲁两国歃血为盟，齐侯还要设宴款待鲁定公。

这时，孔子对齐大夫梁丘据说了一番话。

孔 阁下难道没听说过齐、鲁两国的传统礼节吗？既然已经完成了会盟，贵国又要设宴款待我国国君，这岂不是多此一举吗？尤其是按规矩那些牛形、象形的酒器是不应该拿出宫门的，雅乐也不可以在荒野演奏。如果违背了这些，就是背弃礼仪；若宴会在这种情况下举办，就会有伤贵国国君的脸面。本来，宴客是为了发扬君主的威德，如果是现在的样子，那就不如把宴会取消吧！

于是齐国取消了宴会。

这件事充分体现了孔子不仅能恪守礼仪，以及为了捍卫礼仪，能够以超人的智慧与破坏礼仪的一方面对面地慷慨陈词的无畏精神。

——这个故事来自《孔子家语》

赵简子的阴谋

春秋时期，晋国赵氏的领袖赵简子想要称霸天下。

简 晋国有个叫泽鸣的人，赵国有个叫犊犨（chōu）的人，鲁国有个叫孔丘的人，如果我能把这三个人杀掉，那么，我就可以称霸天下了。

于是，赵简子就先把泽鸣和犊犨请来，任用他们做官；等他们做出一定业绩后，赵简子就杀掉了他们。然后，他又派人去鲁国邀请孔子。

孔子接到邀请后，来到黄河边，看着滔滔的黄河水感叹起来。

孔 多么盛大美好的河水呀！我却不能渡过这黄河去，让天下实现王道，这大概就是命运吧！

子贡来到孔子跟前很疑惑地询问。

贡 敢问夫子说的话是什么意思呢？

孔 泽鸣和犊犨，这两个人是晋国和赵国的两位贤德的大夫哇！赵简子在还没有得志的时候，跟这二位贤士的见识没有什么不同；等到他得志之后，他却杀掉了他们而自己从政了。我听说，如果有人剖人之腹而杀掉婴儿，放火烧掉刚刚开始生长的草木，那么，麒麟就不会到那里去了；如果有人把湖水抽干，从而得到全部的鱼，蛟龙就不会到那里的水中游动了；如果有人把鸟的巢穴拆下来，连其中的鸟卵也毁坏，那么，凤凰就不会飞到那个地方去了。因此，君子对于同类人受到伤害是会感到悲痛的。

这件事充分体现出孔子的政治智慧，他及时戳穿了赵简子的阴谋，同时为泽鸣和犊犨而感到悲哀。绝非是因两位贤士被杀，孔子就望而却步不渡黄河了；而是这伟大的圣贤并不像人们所说的那样，明知不可为而贸然为之。孔子深深懂得，君子行道固然应该置生死于度外，但是，如果不能审时度势，那就是愚昧。

——这个故事来自《说苑·权谋》

微子去之

原文有韵味

wēi zǐ qù zhī　　jī zǐ wéi zhī nú　　bǐ gān jiàn ér sǐ
微子去之，箕子为之奴，比干谏而死。

kǒng zǐ yuē　　yīn yǒu sān rén yān　　　wēi zǐ
孔子曰："殷有三仁焉！"（《微子》）

汉字有故事

微：甲骨文写作🔠，像一个手里拄着拐杖的长发老人。这个字的本义是老人拄着拐杖缓慢地行走。小篆写作🔠，左边加一个表示街道的"彳"，又将老的人形象写作🔠。由此，这个字的意思延伸为隐藏身份，悄悄行进。

谏：金文写作🔠，左边的🔠是"柬"字，表示挑选、挑剔；右边的🔠是"言"字，表示挑剔、批评。这个字的本义是臣子批评或忠告君王。在这里，是"劝谏"的意思。

译文有看头

由于纣王残暴，微子便离开他，箕子做了纣王的奴隶，比干劝谏却被杀死。孔子说："这是殷朝的三位仁人哪！"

为什么孔子说"殷有三仁焉"？

其实这三个人和纣王之间，有一段真实的历史故事，甚至与孔子的家世大有关联。

微子本来是纣王同父同母的兄长，但是微子出生的时候，他的母亲只是他父亲帝乙的妾。后来他的母亲才被立为正妻，之后生下了帝辛。由于帝辛天资聪颖，深得父皇帝乙的欢心，因此，获得立嗣的正统地位的帝辛继承了帝位，就是大家熟悉的纣王。纣王继位后残暴无道，微子曾多次劝谏纣王，纣王都没有听从，于是微子只好十分无奈地离开朝廷，从此过着隐居生活。

再说箕子，他是纣王的叔父。他曾屡次劝谏纣王却不被接受，为了自保性命他只好装疯为奴。而比干也是纣王的叔父，也多次劝谏纣王而无效。在妲己唆使下，比干竟被纣王剖心而死。

孔子鉴于这三个人都是为国、为民，甚至有人不惜死谏，所以说"殷有三仁焉"。

那么，这个故事与孔子的家世又有什么关系呢？请看后文中的故事。

《论语》有故事

孔子的先祖

孔子的祖先是宋国的后裔。周武王灭掉殷朝之后，把纣的儿子武庚封在朝歌。周武王死后，武庚与管叔、蔡叔、霍叔一起谋反，发动了叛乱。于是周公辅佐周成王东征讨伐。第二年，他们擒获了反叛罪人，并下令将微子封于宋国。从此，微子世代为宋国卿。

微子的弟弟仲思生了宋公稽，而宋公稽之孙——熙公又生下了弗（fú）父何、鲋祀（fù sì）。作为长子的弗父何没有继承王位，而是让位于弟弟鲋祀，即后来的宋厉公。由此，从鲋祀以下，世代为宋国卿。在弗父何的后代中有一支以孔作为姓氏的族亲，即后来的防叔，为了躲避祸患逃亡到鲁国。防叔又生伯夏，伯夏生叔梁纥（hé）——叔梁纥就是孔子的生父。

如此看来，孔子不但是祖籍在殷，而且其祖上也是一位著名的贤君。据《史记》载，孔子大约三十四岁的时候，鲁国大夫孟僖子临死前给儿子南宫敬叔的遗言有这样的一段话。

僖 孔子，圣人的后代，他的先祖弗父何本来可以做宋国君的，但是他把王位让给了自己的弟弟厉公。

孔子一生颠沛流离，奔走呼号，历尽险阻，义无反顾。难道这就是孟子所说的"故天将降大任于斯人也，必先苦其心志，劳其筋骨，饿其体肤，空乏其身，行拂乱其所为，所以动心忍性，曾益其所不能"，而终于成就了这位划时代的圣人吗？可贵的是，这位圣人即使在"莫我知"的谷底，仍然说"不怨天，不尤人。下学而上达。知我者，其天乎！"。

——这个故事来自《孔子家语》

孔子的预感

这一天早晨，孔子起来后在门口拖着手杖散步，他似乎预感到了什么，于是就伤感地唱起来。

孔
> 难道泰山要崩塌了吗？梁木要毁坏了吗？哲人要走到尽头了吗？

唱完他便对着门坐着，一副若有所思的样子。子贡听到了孔子的歌声，走到他跟前说起话来。

贡
> 老师呀，泰山如果崩塌了，我还仰望什么呢？梁木如果毁坏了，我还依靠什么呢？哲人如果走到尽头了，我还能去效仿谁呢？老师大概要生病了吧？

孔子轻轻地叹了一口气。

孔
> 子贡啊！昨夜梦见在祭祀的时候，我坐在两楹之间。我知道殷人是将灵柩停放在堂前东西楹之间的，而我就是殷人。可是至今也没有明圣的君王兴起，那么天下究竟谁能尊奉我呢？我大概就要走到尽头了。

从此孔子便卧病在床，七天就去世了，享年七十三岁。

回过头来看孔子说的那句"夫明王不兴，则天下其孰能宗余？"，其实，他既是在为自己的抱负未得施展而遗憾，也是在为他的治世之道不能被后人采用而忧虑。

所以后来，子贡用这样的话来批评鲁哀公。

贡 生不能用，死而诔（lěi）之，非礼也！

意思是说，鲁哀公啊，我的老师生前你没有重用他，他死之后，你在祭文里只是说了些表示痛惜的话，这就是不合乎礼义呀！

一代圣人告别世人长眠于地下，而他的伟大思想和精神却与世长存。两千多年来，人们学习他，纪念他，把他称为"至圣先师"，就是要秉承孔子的博爱忠信、仁义宽恕、以礼服人、以德立身的高尚理念，从而达到修身、齐家、治国、平天下的目的。

——这个故事来自《孔子家语》

阅读反馈单

一、填空智多星

1.孔子是我国 _____ 时期 _____ 国人。

2.《论语》中提及成语"功亏一篑"的一段话是 ____

_____。

3.高柴六岁时和小朋友们一同在枣树下玩耍。当时有一只小鸟啄掉了一颗枣，两个小孩儿立刻争着要这颗枣。这时，高柴说："依我看，_____。"

4.子曰："君子 _____，小人 _____。"表明了孔子秉承着君子在人际交往中应和谐却不能苟同的态度。

5.孔子认为人生贵在做好此生该做的事情，而且还绝不可懈怠，所以他说："不知命，_____；不知礼，_____；不知言，_____。"

6.孔子最得意的弟子是 _____。

二、我来写一写

　　读过这本书，我们知道了很多关于孔子的故事。如果让你给孔子写一段评语，你会写什么？请你把它写下来吧。

_____

_____

_____

_____

_____

_____

_____

_____

_____

_____

_____

　　　　学校：_____　班级：_____

　　　　姓名：_____　指导教师：_____